ENCICLOPEDIA BRITANNICA para NIÑOS

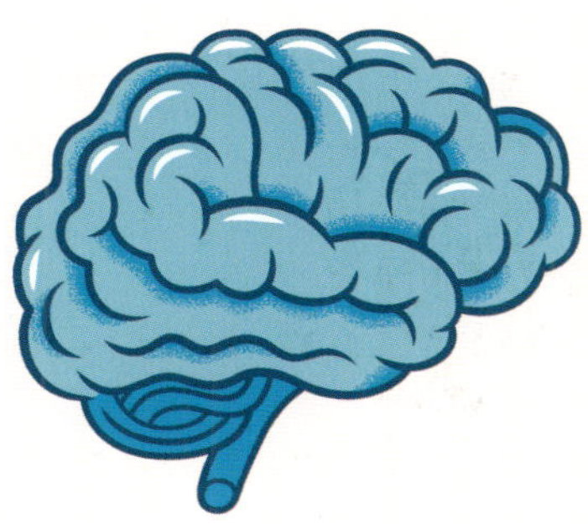

HUMANOS

montena

PREFACIO

La *Enciclopedia Britannica* ha inspirado la curiosidad y la alegría de aprender desde 1768. Este libro continúa en la misma tradición. Te llevará en un viaje por un mundo de informaciones interesantísimas. Cada vez que pases una página encontrarás algo nuevo que explorar.

Pero, por sorprendente y fascinante que sea lo que encuentres en cada página, todo lo que compartimos contigo está siempre sujeto a cambios. Y eso es algo que aprovechamos: busca las secciones que describen las «incógnitas conocidas». Los especialistas, investigadores y otras mentes brillantes que nos han ayudado a crear este libro son los que, en su vida diaria, configuran los límites de nuestro conocimiento. Trabajan inspirados por la pasión y la dedicación a la exactitud, de modo que nos ayudan a todos a entender mejor el mundo, y esto incluye entender lo que todavía no sabemos.

Como creemos que los hechos cuentan, nos esforzamos en ser exactos y rigurosos con toda la información que compartimos en cada página de este libro. A través de sus más de 250 años de existencia, la *Enciclopedia Britannica* ha apostado por la indagación y la exploración, el trabajo con los expertos y el impulso a la innovación. Por eso es un gran honor participar en el lanzamiento de los Britannica Books, una colaboración entre Britannica y What on Earth Publishing, con Christopher Lloyd y esta novísima enciclopedia.

J. E. Luebering
Director editorial
Encyclopaedia Britannica

CONTENIDO

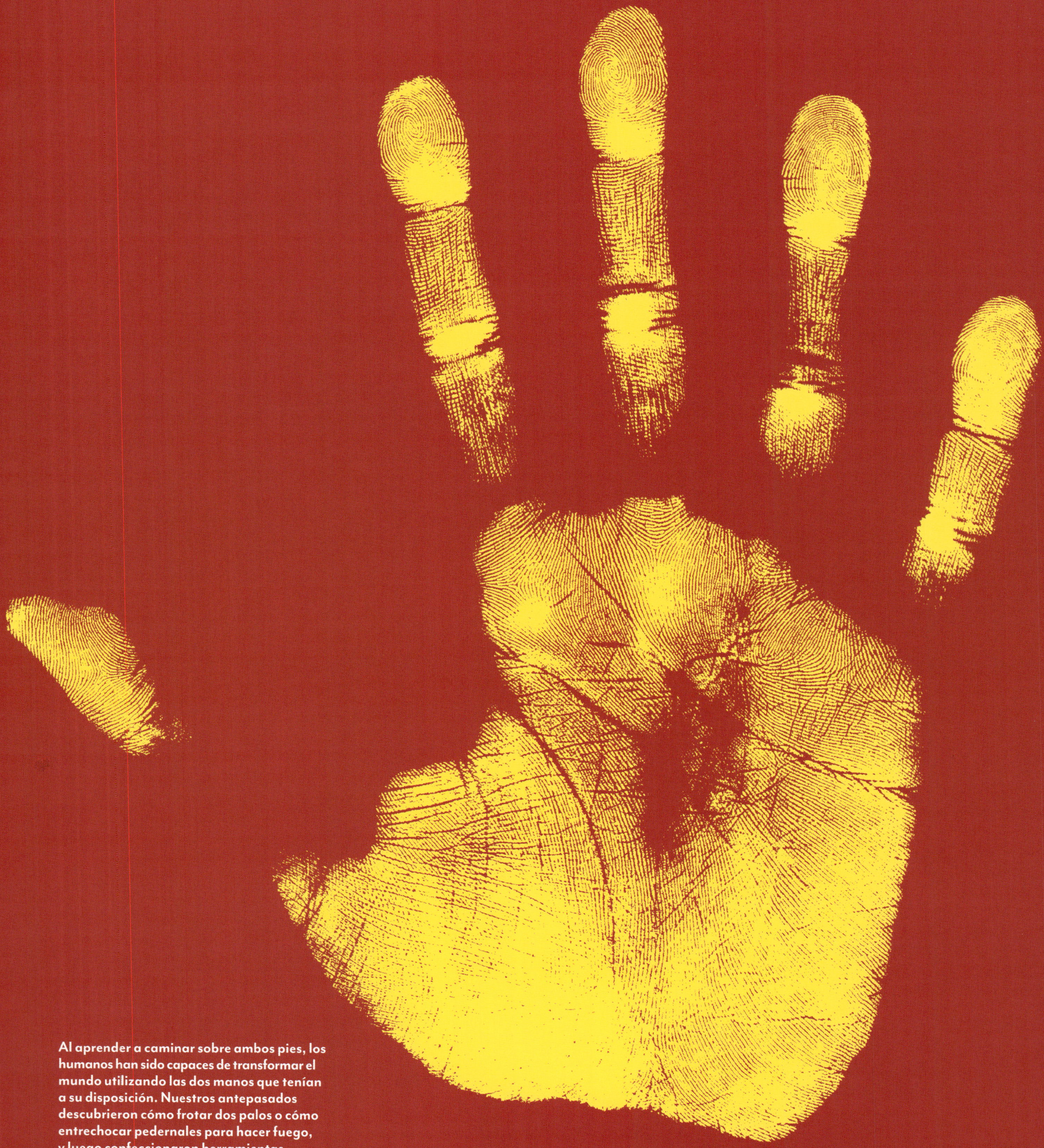

Al aprender a caminar sobre ambos pies, los humanos han sido capaces de transformar el mundo utilizando las dos manos que tenían a su disposición. Nuestros antepasados descubrieron cómo frotar dos palos o cómo entrechocar pedernales para hacer fuego, y luego confeccionaron herramientas o armas para cazar animales con los que alimentarse. Ahora que ya lo damos todo por hecho, deberíamos pensar en que el mundo sería muy diferente si no hubiera contado con las manos humanas.

INTRODUCCIÓN

por Christopher Lloyd

¿Qué significa ser humano? La historia humana empieza hace unos cuantos millones de años con nuestros antepasados *homininis* aprendiendo a caminar sobre los dos pies. Son criaturas adaptables. Usan las manos para encender el fuego, para fabricar armas, para diseñar herramientas. Hace 10.000 años, la única especie de *homininis* que queda sobre el planeta Tierra, el *Homo sapiens*, intercambia grano por joyas, lana por vasijas y cuero por carros con ruedas. Y no hará falta mucho tiempo para que el dinero haga todo eso más fácil.

Los humanos desarrollan una cultura característica que va formando y transformando el mundo. Compartimos ideas a través de la lectura, el arte, la música, la danza, los vídeos e internet. Nos matamos unos a otros en la guerra, pero también interactuamos pacíficamente mediante los deportes y los juegos, mediante la invención y la exploración, mediante la indumentaria. Creamos gobiernos para regular nuestro comportamiento y festivales para celebrar nuestras alegrías. Honramos a nuestros muertos de diferentes maneras. Más que la posición erguida, la cultura compleja es lo que distingue a los humanos.

VOLVERSE HUMANO

Los seres humanos no siempre han tenido el aspecto que tienen hoy. El humano moderno evolucionó a lo largo de millones de años, y en el pasado existieron diversas especies de humanos. La mayor parte de los miembros de este grupo se denominan *Homo*. El cuerpo de los humanos fue cambiando para adaptarse a diferentes entornos. El cerebro humano creció y se hizo tres veces mayor que el de nuestros antepasados con apariencia humana.

¡CuriosiDATOS!

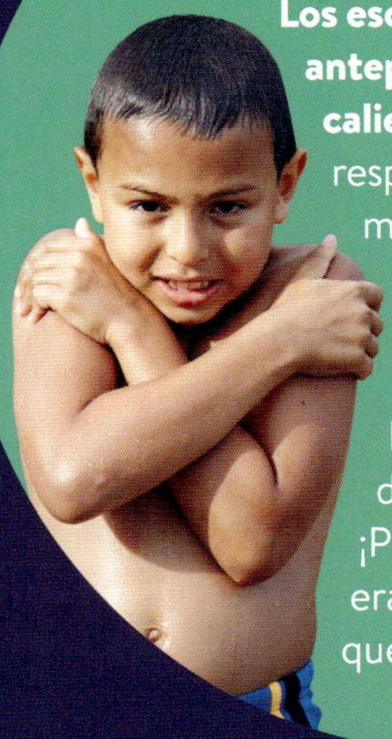

Los escalofríos ayudaron a nuestros antepasados a mantenerse calientes. Cuando hace frío, la piel responde erizando los pelos, de modo que atrapa el aire para mantenerse caliente. Ahora es algo que ya no tiene efecto en los humanos, porque hemos perdido la mayoría de nuestro pelo corporal. ¡Pero nuestros antepasados eran mucho más peludos que nosotros!

FAMILIARES HUMANOS

Hoy solamente existe una especie del género *Homo*: los humanos modernos, conocidos como *Homo sapiens*. Los científicos no siempre están de acuerdo sobre qué especies son antepasadas directas de otras especies. Pero todos los miembros del género *Homo* están muy relacionados. Aquí tienes algunas de estas especies, en el mismo orden, de derecha a izquierda, en que se cree que aparecieron.

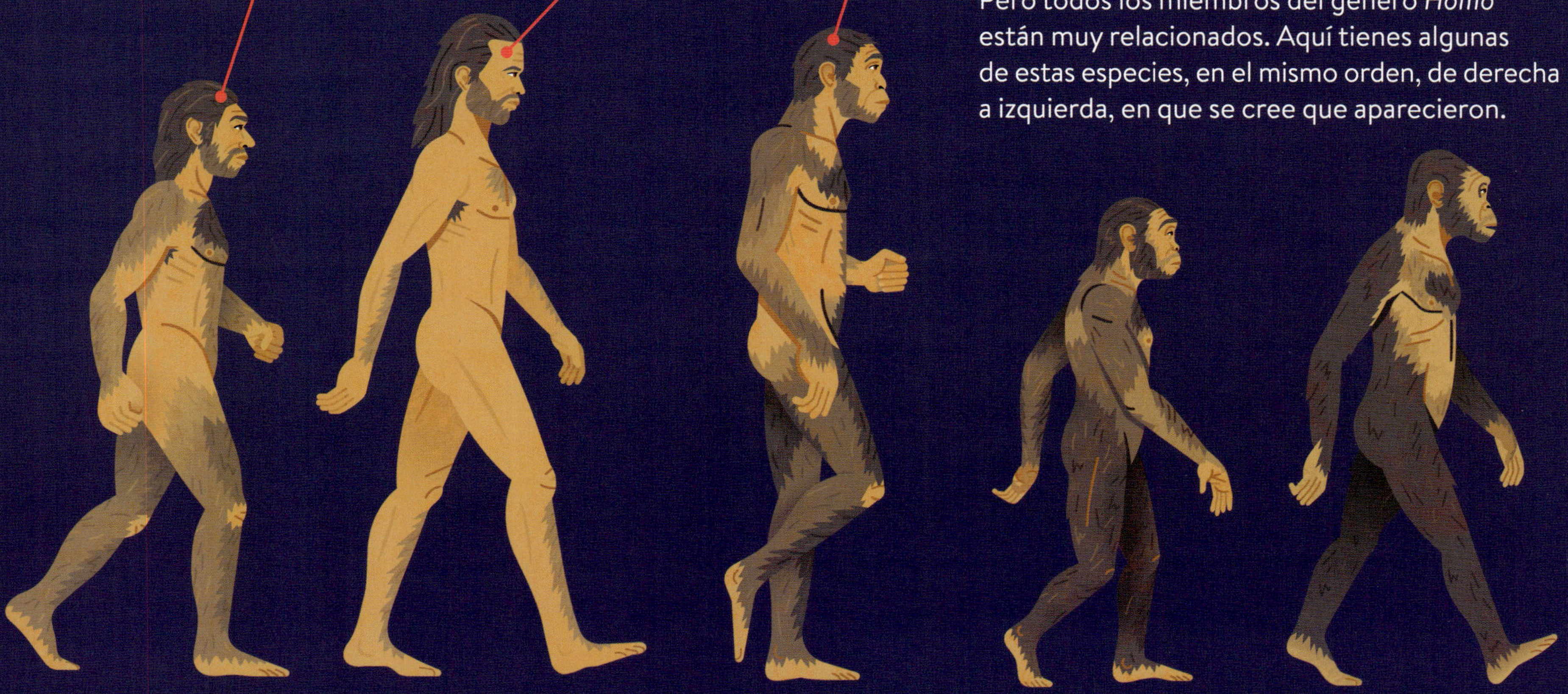

Homo neanderthalensis
Surgieron hace 200.000 años y son los familiares extintos más próximos al ser humano. Confeccionaban su ropa y usaban herramientas.

Homo sapiens
Todos los humanos pertenecen a la especie Homo sapiens, que tuvo su origen en África hace 315.000 años. *Homo sapiens* significa «humano sabio».

Homo erectus
Esta especie surgió hace 1,9 millones de años. *Homo erectus* tal vez fuera el primero de nuestros parientes cercanos en encender y controlar el fuego a su voluntad.

Homo habilis
Esta especie vivió en África hace entre 2,4 y 1,5 millones de años. Tenía manos y pies semejantes a los nuestros y tal vez viviera al mismo tiempo que otros tipos de humanos originarios.

Australopithecus afarensis
Se han encontrado más de 400 fósiles de *Australopithecus afarensis*, sobre todo en Etiopía. Datan de hace entre 3,8 y 2,9 millones de años.

ASESOR ESPECIALIZADO: John P. Rafferty **VER TAMBIÉN:** El cuerpo humano, pp. 8-9; El cerebro pp. 12-13

Caminar sobre dos pies

Somos los únicos primates que caminan o corren sobre dos pies todo el tiempo, en una posición conocida como bipedación. Los científicos no saben con seguridad por qué los miembros del linaje humano evolucionaron a caminar sobre dos piernas. Ni siquiera Usain Bolt, que corrió los 100 metros lisos en un tiempo récord de 9,58 segundos en 2009, es tan rápido como algunos animales de cuatro patas (cuadrúpedos).

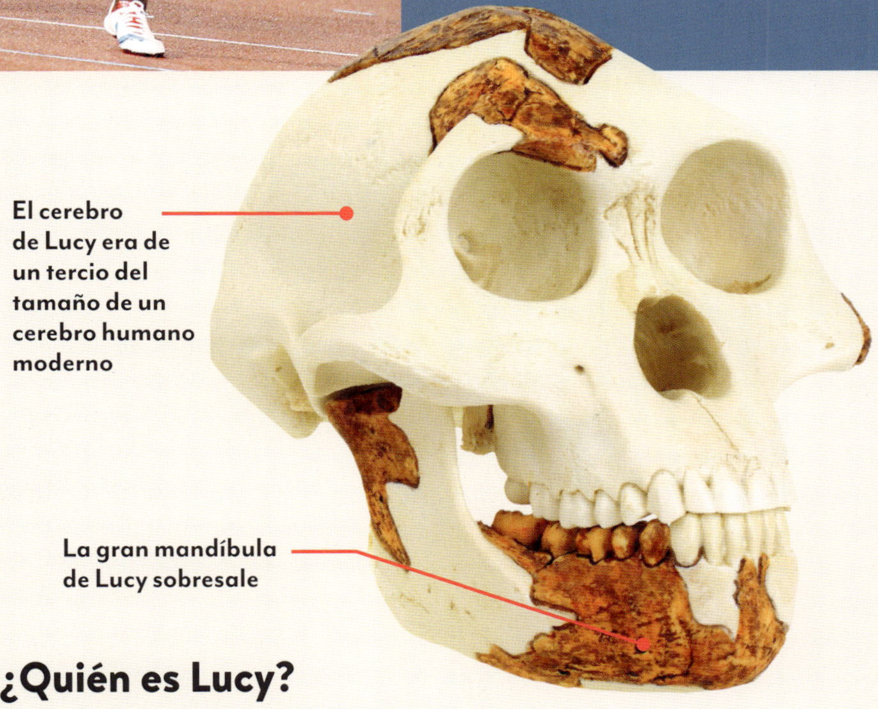

¿Quién es Lucy?

Lucy es el nombre que se le dio a un esqueleto de 3,2 millones de años encontrado en Etiopía en 1974. Lucy pertenecía a la especie *Australopithecus afarensis*, un grupo de antepasados de los humanos actuales. Al igual que los simios, Lucy tenía brazos largos y piernas cortas, pero también una pelvis como la de un humano. Lucy caminaba sobre las dos piernas, como hacemos nosotros.

¿Qué edad tienen los humanos?

La Tierra tiene 4.600 millones de años. El *Homo sapiens* tal vez tuvo su origen en África hace 315.000 años, aunque nuestros antepasados bípedos surgieron en algún momento de los últimos 6 millones de años. El lenguaje complejo, el arte y la tecnología se desarrollaron solamente en los últimos 100.000 años.

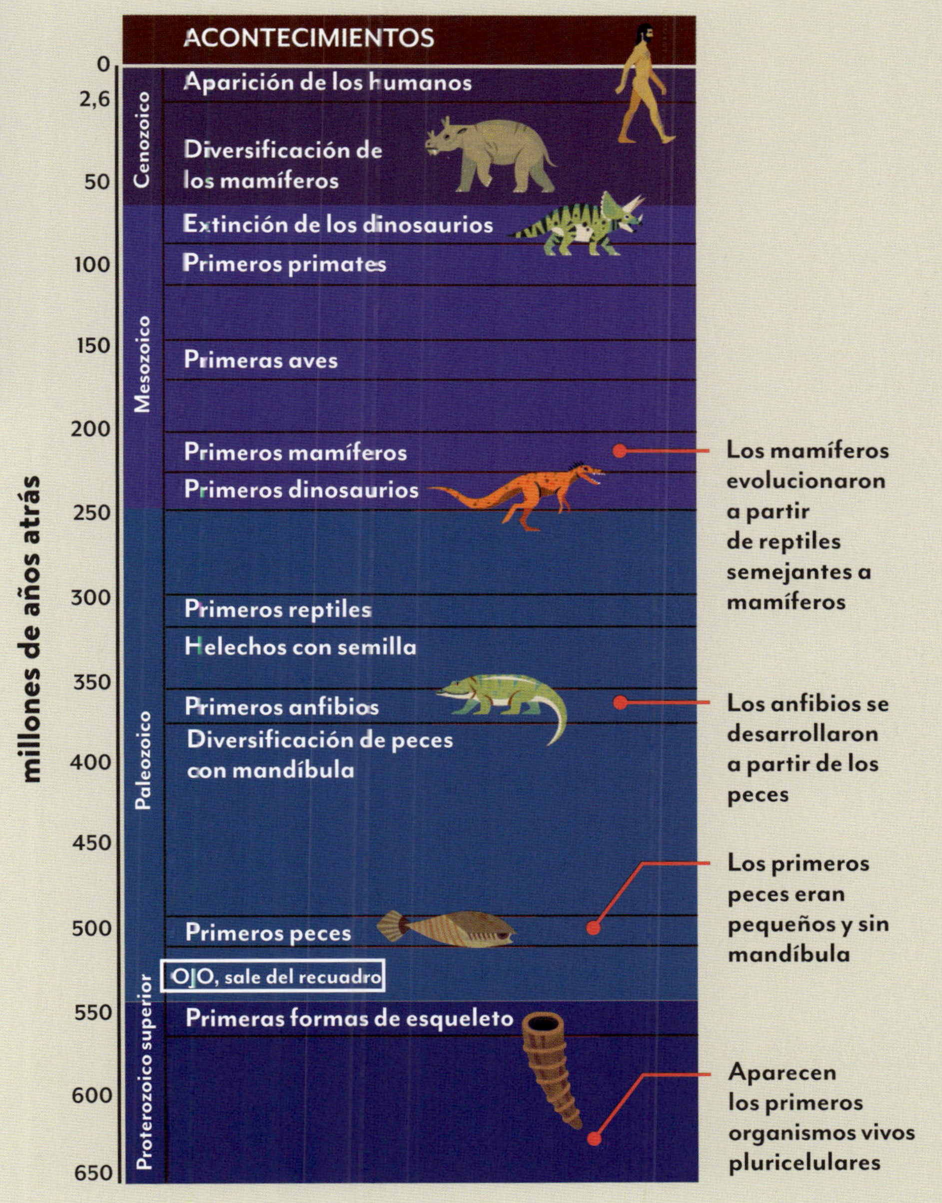

INCÓGNITAS CONOCIDAS

¿Quién es nuestro antepasado común?

Los humanos y los chimpancés descienden de un mismo antepasado, pero no sabemos exactamente de cuál. Los científicos solamente saben que los humanos evolucionaron separadamente de otros simios. Esto ocurrió por lo menos hace 6 millones de años.

Fuego y rayos

Los primates pudieron descubrir cómo hacer fuego hace más de 1,4 millones de años. Antes de eso, probablemente dependían de fuegos naturales causados por los rayos. Solamente miembros del género *Homo* aprendieron cómo hacer y controlar el fuego. Esta capacidad llevó a cocinar los alimentos y a otros grandes avances.

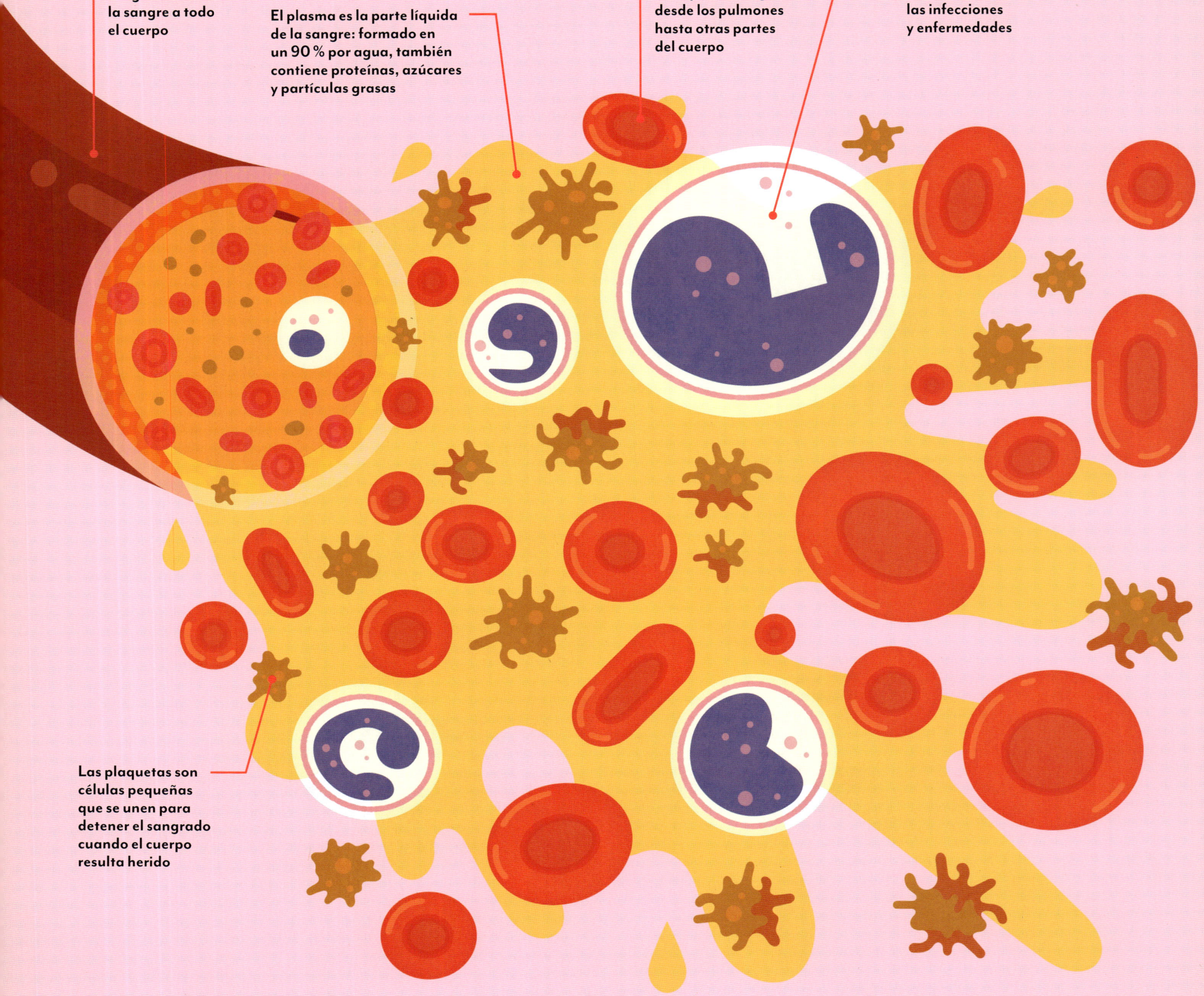

EL CUERPO HUMANO

El cuerpo humano es un increíble organismo formado por más de 30 billones de células. Es agua en un 60 %, pero también contiene proteínas, carbohidratos y otros componentes químicos orgánicos. Las células forman los cuatro tipos de tejido principales del cuerpo, incluidos los tejidos musculares utilizados para el movimiento. Los diversos órganos del cuerpo están hechos de tejidos. Los órganos trabajan en colaboración en grandes sistemas que permiten que los humanos piensen, se muevan, digieran los alimentos, etc.

Sangre y células

Las células constituyen todos los organismos vivos. Crecen y se dividen y presentan diversas formas y tamaños. Cada tipo de célula tiene su misión. Las células sanguíneas provienen de la médula ósea, la materia interna de la mayor parte de los huesos. La médula ósea produce glóbulos rojos, glóbulos blancos y plaquetas. El cuerpo depende de la sangre para que aporte oxígeno, proteínas y nutrientes a sus células. La sangre también se deshace de los residuos, como el dióxido de carbono.

ASESORA ESPECIALIZADA: Kara Rogers **VER TAMBIÉN:** ADN y genética, pp. 10-11; El cerebro, pp. 12-13; Los sentidos, pp. 16-17

Sistemas del cuerpo humano

LA SUPERLISTA

El cuerpo humano dispone de diversos sistemas, o grupos de órganos, que trabajan a la vez para realizar ciertas funciones.

1. Óseo o esquelético Los huesos y los cartílagos le proporcionan una estructura al cuerpo. Ayudan al movimiento y protegen los órganos vitales. Los huesos contienen médula, que produce células sanguíneas.

2. Muscular Los músculos relacionados con huesos u órganos sostienen el cuerpo y permiten el movimiento. Los músculos también ayudan a que el cuerpo mantenga una temperatura sana.

3. Respiratorio Cuando respiramos, la nariz y la boca captan aire para los pulmones. La sangre lleva el oxígeno desde los pulmones y lo reparte a todas las células del cuerpo. Los pulmones, la nariz y la boca exhalan o expelen el dióxido de carbono como producto residual.

4. Circulatorio La sangre está en movimiento constante alrededor del cuerpo. El corazón late unas 72 veces por minuto y bombea sangre por las arterias, venas y capilares.

5. Digestivo Los intestinos y el estómago descomponen el alimento para convertirlo en nutrientes que el cuerpo usa para mantenerse sano.

6. Nervioso El cerebro, la médula espinal, los nervios y los órganos sensoriales transmiten señales nerviosas por todo el cuerpo.

INCÓGNITAS CONOCIDAS

¿Cuántos huesos tenemos?

Aunque el adulto medio tiene 206 huesos, no todas las personas tienen el mismo número de huesos. Un niño, como promedio, tiene 270 huesos, porque algunos todavía no se han unido. Sin embargo, estos cálculos no incluyen los pequeños huesos llamados sesamoideos, que pueden variar en tamaño y número según las personas.

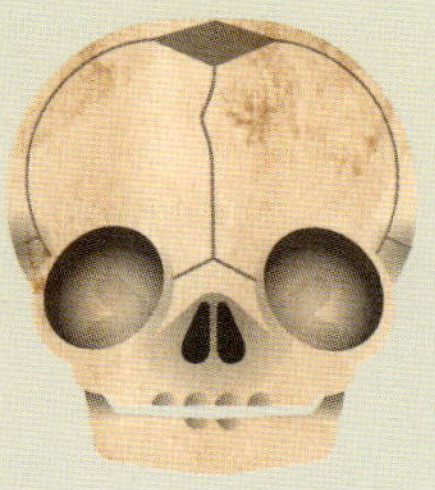

CAMBIO RADICAL

TRÓTULA DE SALERNO

Médica, siglo XII
Italia

Trótula escribió sobre medicamentos y tratamientos para la mujer. Se hizo famosa en Francia e Inglaterra. Uno de sus libros pasó a formar parte del *Trótulo*, un conjunto de tres textos sobre la medicina para mujeres que tuvo su origen en Salerno, Italia. Hasta el final del siglo XIX y principios del XX, se pensaba que los autores de los tres textos eran hombres, pero luego los historiadores identificaron que parte del *Trótulo* provenía de un libro escrito por Trótula.

Hay que moverse

El esqueleto humano está hecho de huesos que sostienen el cuerpo y protegen sus órganos. También trabaja con los músculos para permitir que el cuerpo se mueva. Los huesos están formados por minerales, agua, fibras y proteínas. Las articulaciones son los lugares en los que se juntan dos o más partes del sistema óseo. En el cuerpo humano se dan cinco tipos principales de articulaciones.

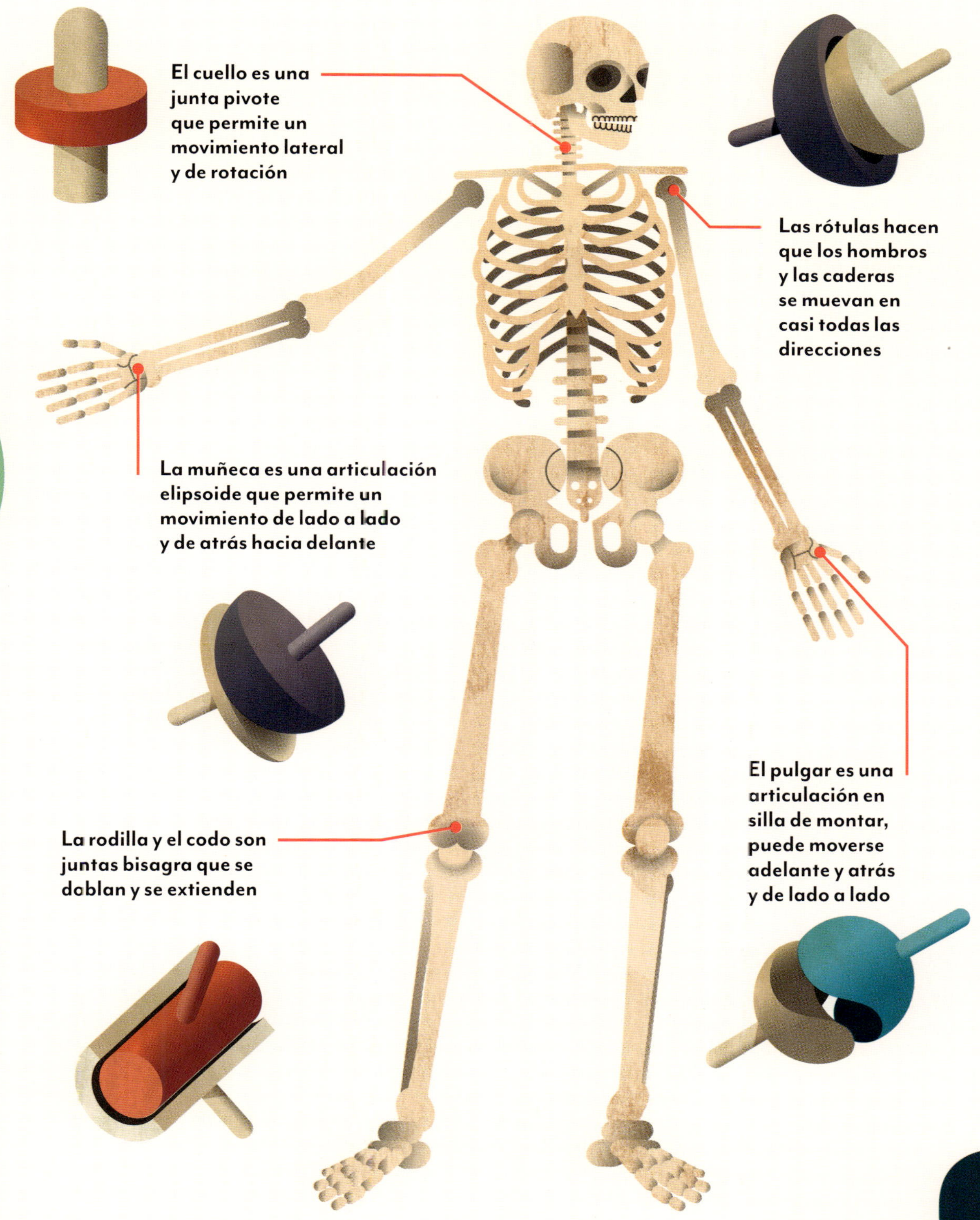

ADN Y GENÉTICA

¿Por qué los humanos somos diferentes unos de otros? ¿Qué hace que los miembros de una familia se parezcan? Todo está en los genes. Los genes son un conjunto de instrucciones que se encuentran en cadenas de una sustancia química llamada ADN o ácido desoxirribonucleico. El ADN contiene toda la información que determina el aspecto de las personas y cómo funcionan sus cuerpos. La codificación o el orden del ADN es ligeramente diferente en cada ser humano. La genética es el estudio de los genes: cómo pasan de una generación a otra y cómo trabajan en común para hacer que tú seas tú.

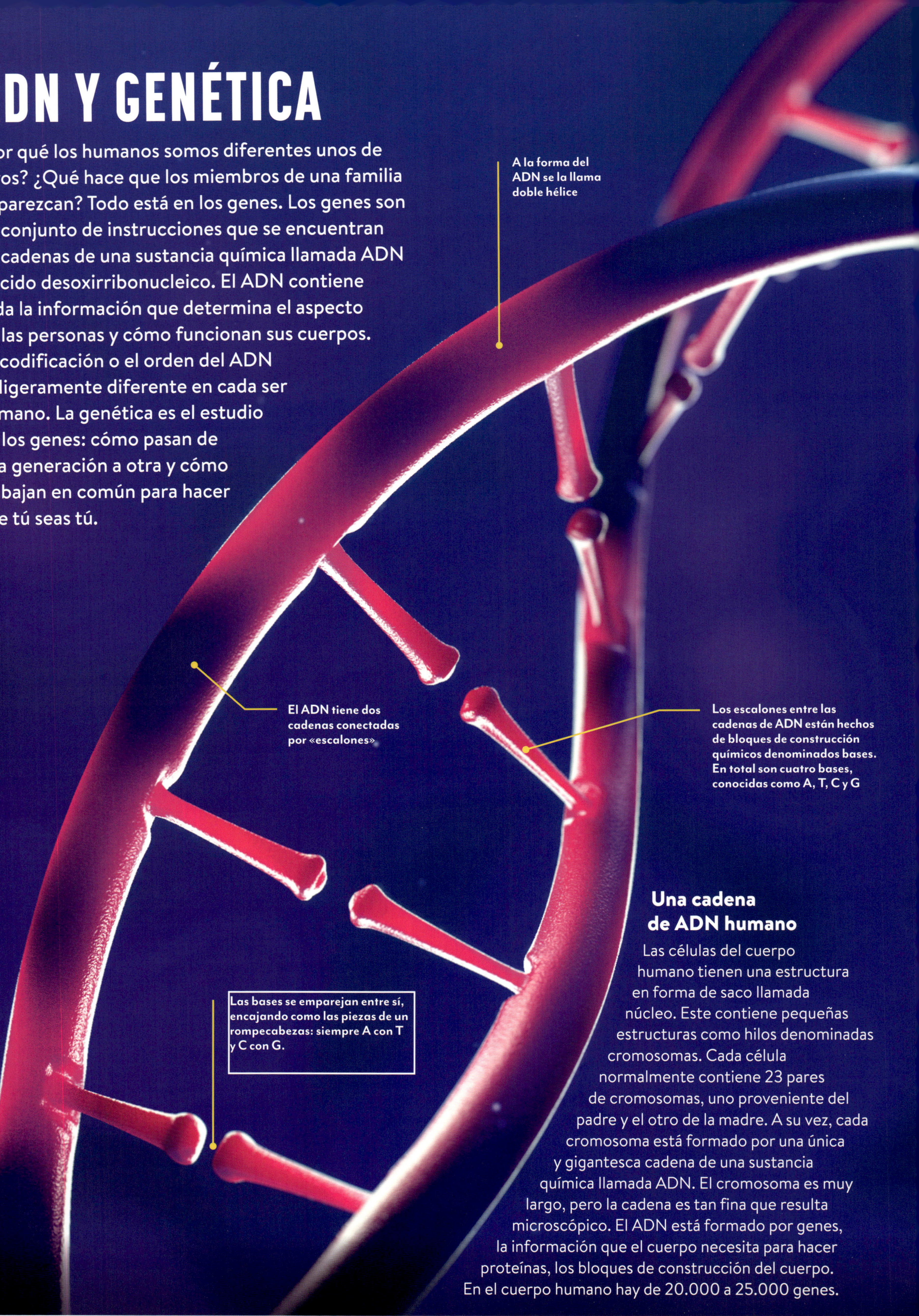

Una cadena de ADN humano

Las células del cuerpo humano tienen una estructura en forma de saco llamada núcleo. Este contiene pequeñas estructuras como hilos denominadas cromosomas. Cada célula normalmente contiene 23 pares de cromosomas, uno proveniente del padre y el otro de la madre. A su vez, cada cromosoma está formado por una única y gigantesca cadena de una sustancia química llamada ADN. El cromosoma es muy largo, pero la cadena es tan fina que resulta microscópico. El ADN está formado por genes, la información que el cuerpo necesita para hacer proteínas, los bloques de construcción del cuerpo. En el cuerpo humano hay de 20.000 a 25.000 genes.

ASESORA ESPECIALIZADA: Abigail H. Feresten **VER TAMBIÉN:** Volverse humano, pp. 6-7; El cuerpo humano, pp. 8-9; Ley y crimen, pp. 38-39

Rasgos familiares

¿De quién has heredado esa nariz, el pelo rizado o los ojos marrones? Los niños heredan rasgos de sus padres, pero eso no quiere decir que sean exactamente iguales. Todo depende de cómo se comporten los genes en el cuerpo y del tipo de rasgo. La forma de la nariz, o al menos de su punta y del área próxima, es más fácil de heredar que otras características de la cara.

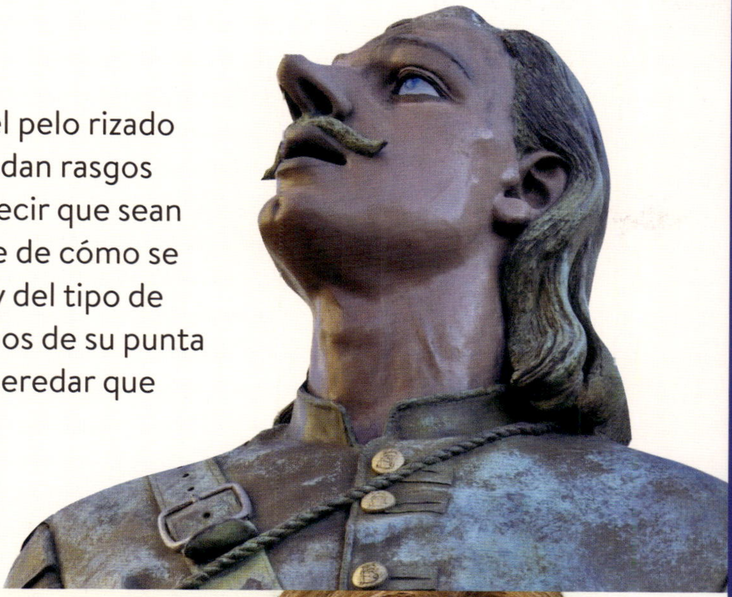

Mutaciones y color de ojos

El ADN humano es idéntico en un 99,9 %. Y, sin embargo, todos somos diferentes. La mayoría de estas diferencias provienen de pequeños cambios, llamados mutaciones, en partes importantes de genes. Nuevas mutaciones resultan en una nueva versión de gen denominada alelo. La mitad de tus alelos provienen de tu padre y la otra mitad de tu madre. Esa combinación única de alelos determina tu aspecto. El color de los ojos lo determinan dos genes: uno que hace los ojos más amarillos y otro que los hace más rojos. Si no dispones de un alelo fuerte para uno de los dos colores, tendrás los ojos azules. Los alelos fuertes para ambos implican ojos marrones. Un gen rojo fuerte unido con uno amarillo débil da lugar a los ojos de color miel.

Resolución de crímenes

Las huellas dactilares son muy útiles para identificar a los criminales, porque las huellas de cada persona son únicas. Un criminal también puede dejar tras de sí «ADN de contacto» en forma de células de piel. Los científicos forenses pueden recuperar ambas de la escena de un crimen. Por medio de una técnica que hace copias de los genes, es posible obtener una imagen genética completa de una persona a partir de su huella dactilar y luego compararla con el ADN de otras personas sospechosas.

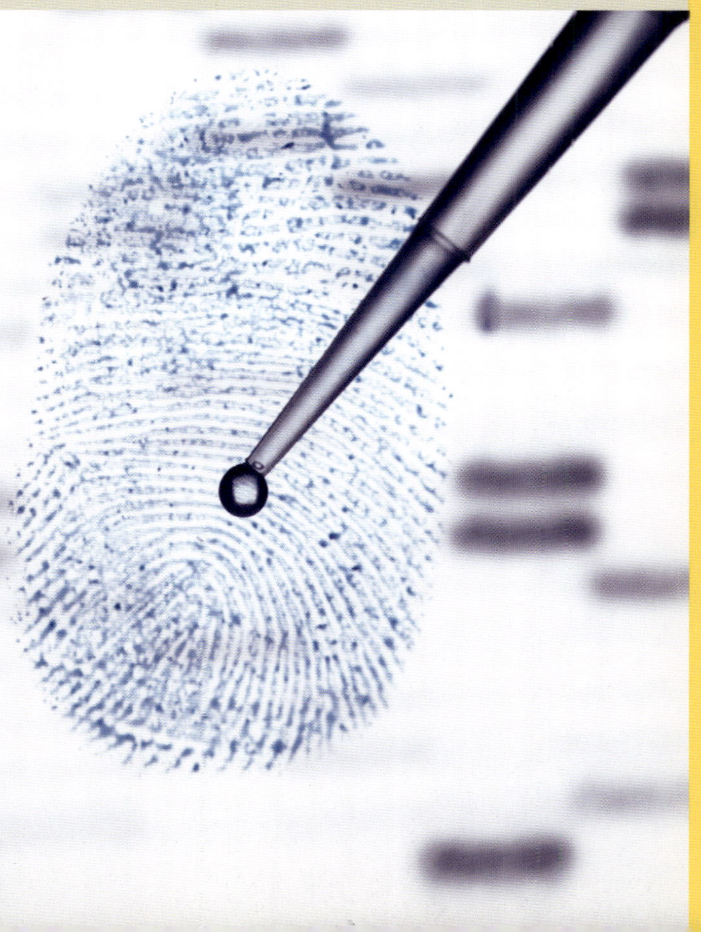

¡CuriosiDATOS!

Los científicos encontraron ADN de 5.700 años de antigüedad en un trozo de «goma de mascar». Analizaron el ADN presente en esa goma (un pedazo de brea) y luego le pidieron a un artista que dibujara una imagen de la persona que había masticado la goma (abajo) según sus averiguaciones. La llamaron Lola, por Lolland, en Dinamarca, el lugar en el que se encontró. El ADN de dicha goma fue el primero extraído de algo diferente a huesos o dientes.

¡NOTA del experto!

ABIGAIL H. FERESTEN

Genetista

Abigail H. Feresten estudia el desarrollo cerebral en gusanos microscópicos. ¡Los genes que controlan el desarrollo de esos cerebros tienen el mismo cometido en los humanos! Cuanto más entendamos sobre el desarrollo del cerebro en todas las especies, más capaces seremos de tratar los desórdenes cerebrales humanos.

«El código genético es lo que hace que cada uno de nosotros sea único, y también lo que nos hace a todos humanos».

EL CEREBRO

El cerebro es el centro de control del cuerpo. Recibe y envía mensajes y permite que las personas respiren, se muevan, hablen y aprendan. Pesa alrededor de 1,5 kg y tiene dos lados, llamados hemisferios. El hemisferio derecho del cerebro controla los músculos del lado izquierdo del cuerpo. El hemisferio izquierdo del cerebro controla los músculos del lado derecho del cuerpo. Pero las personas usan ambas partes de su cerebro todo el tiempo, incluso cuando están durmiendo.

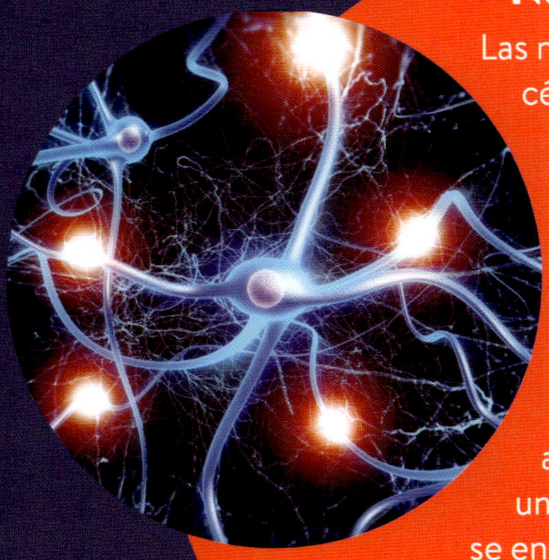

Neuronas

Las neuronas son células cerebrales con largas extensiones como alambres. Envían corrientes eléctricas por estos alambres hacia el punto de conexión con otras neuronas. Cuando la corriente eléctrica llega al final de un alambre, emite una señal, como una luz que se enciende. La otra neurona responde a la luz, no a la corriente. Las neuronas transmiten información dentro del cerebro y entre el cerebro y el resto del cuerpo.

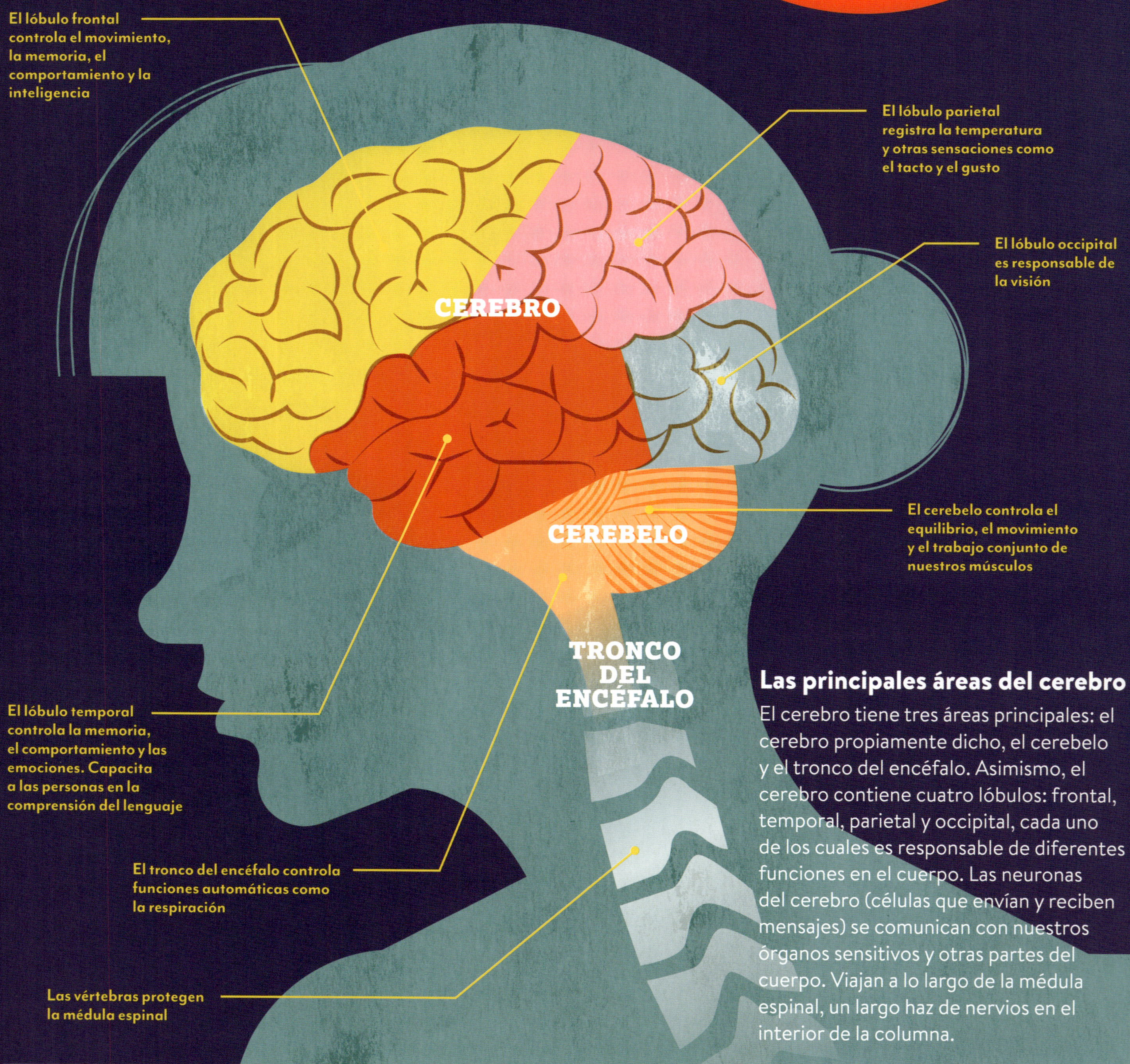

Las principales áreas del cerebro

El cerebro tiene tres áreas principales: el cerebro propiamente dicho, el cerebelo y el tronco del encéfalo. Asimismo, el cerebro contiene cuatro lóbulos: frontal, temporal, parietal y occipital, cada uno de los cuales es responsable de diferentes funciones en el cuerpo. Las neuronas del cerebro (células que envían y reciben mensajes) se comunican con nuestros órganos sensitivos y otras partes del cuerpo. Viajan a lo largo de la médula espinal, un largo haz de nervios en el interior de la columna.

ASESORA ESPECIALIZADA: Abigail H. Feresten **VER TAMBIÉN:** Volverse humano, pp. 6-7; El cuerpo humano, pp. 8-9; Emociones, pp. 14-15; Los sentidos, pp. 16-17

Ondas cerebrales

LA SUPERLISTA

Para detectar las ondas cerebrales se emplean aparatos muy sensibles que registran la regularidad de las señales neuronales. Esto es indicativo del nivel de actividad de las células. Las pautas de las ondas cerebrales cambian según la actividad o los sentimientos.

1. Delta Las ondas cerebrales más lentas se dan cuando una persona está dormida.

2. Theta Estas ondas cerebrales muy lentas tienen lugar cuando el cerebro está extremadamente relajado, como cuando la persona está a punto de dormir.

3. Alpha El cerebro produce estas ondas cerebrales, grandes y lentas, cuando una persona está relajada y calmada.

4. Beta Estas ondas pequeñas y más rápidas se dan cuando el cerebro está alerta y activo, como, por ejemplo, cuando hablamos.

5. Gamma El cerebro produce las ondas más rápidas cuando se piensa activamente, como al reflexionar sobre problemas difíciles.

Reflejos

Una acción refleja se da cuando tu cuerpo hace algo sin que tengas que pensar en ello. Los reflejos protegen a tu cuerpo del daño, por ejemplo, apartando automáticamente tu mano de una llama. La acción refleja tira de tu mano para sacarla del calor antes de que la señal que se envía de tu mano a la médula espinal llegue a tu cerebro para informar de tu dolor.

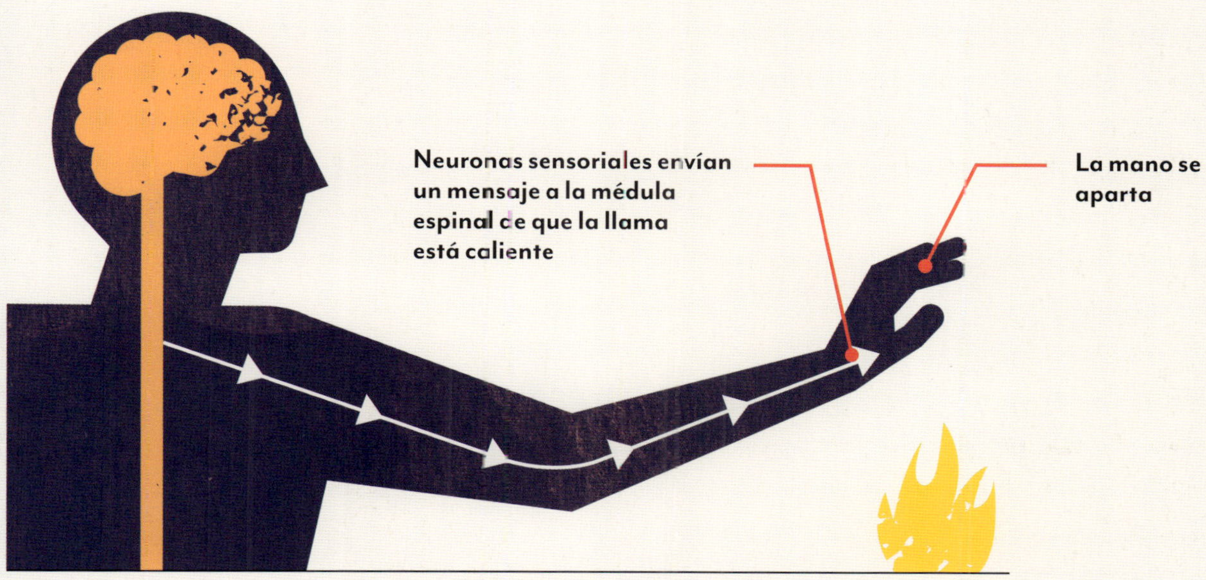

Engañar al cerebro

Los magos engañan al cerebro de las personas que asisten a su espectáculo al crear ilusiones para los sentidos. La vista, el olor, el tacto y el oído..., cada uno juega su papel. Por ejemplo, hacen que el cerebro se concentre en ver una cosa en lugar de otra, de manera que el objeto (un conejito, en este caso) parece desaparecer. También sucede que el cerebro puede continuar viendo algo, aunque no esté ahí. Trucos como estos pueden ayudar a los neurocientíficos a entender cómo funciona el cerebro.

INCÓGNITAS CONOCIDAS

¿Por qué sueñan las personas?

Los científicos siguen empeñados en entender por qué las personas sueñan, y para ello usan una máquina que estudia la actividad eléctrica en el cerebro mientras dormimos y soñamos. Saben que el sistema límbico del cerebro, situado en su parte baja y encargado de las emociones, es muy activo durante los sueños. Partes de la corteza exterior del cerebro determinan qué sueña la gente.

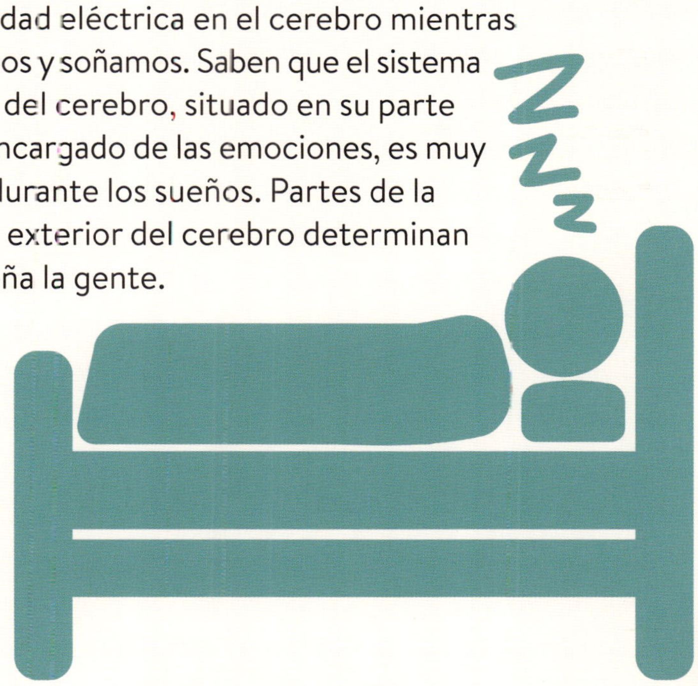

EMOCIONES

Alegría, tristeza, miedo... Son las emociones, y a diario experimentamos muchas de ellas. Las emociones son nuestra manera de reaccionar al mundo que nos rodea. El cerebro alberga un centro de control de emociones llamado sistema límbico, formado por diversos elementos. Uno de ellos, el hipocampo, te ayuda a recordar y aprender. La amígdala tiene forma de almendra y sirve para que regules emociones, por ejemplo, si te enfadas. El pequeño hipotálamo controla tus reacciones ante una emoción, como cuando sientes escalofríos por el temor.

Mente y cuerpo

Las emociones pueden hacer que tu cuerpo actúe de diferentes maneras. Si te emocionas o te asustas, el corazón puede latir más deprisa. Puedes llorar cuando te sientes triste o te enfadas o, incluso, de alegría. Las expresiones faciales también pueden mostrar tus emociones. Los científicos han identificado siete emociones que todos compartimos y que producen expresiones similares en todas las culturas. Son la alegría, la pena, el asco, la rabia, el miedo, la sorpresa y el desprecio.

ASESORA ESPECIALIZADA: Kara Rogers **VER TAMBIÉN:** El cuerpo humano, pp. 8-9; El cerebro, pp. 12-13; Los sentidos, pp. 16-17

Lucha o huida

Tu cerebro dispone de un sistema de seguridad automático. Si tienes miedo, la amígdala envía una señal de alarma al hipotálamo. El hipotálamo alerta a las glándulas adrenales (o suprarrenales, porque están justo encima de los riñones) para que segreguen una sustancia natural llamada adrenalina. La adrenalina hace que el corazón lata más deprisa y que los pulmones se llenen de oxígeno. Es la respuesta «lucha o huida». Ahora estás preparado para permanecer y enfrentarte a algo espantoso o bien para huir de ello.

Química en funcionamiento

Los humanos suelen sentirse mejor cuando hacen ejercicio o pasan el tiempo con la familia y los amigos. Ocurre así porque en ocasiones como esas el cerebro envía mensajes llamados neurotransmisores que producen ciertas emociones y comportamientos. La serotonina, por ejemplo, ayuda a que te sientas feliz. La dopamina le dice a tu cerebro cuándo ocurre algo bueno, como si estás comiendo algo sabroso, por ejemplo. La noradrenalina nos ayuda en las situaciones tensas.

¡CuriosiDATOS!

¡Un ser humano puede poner más de 10.000 caras diferentes! Estas expresiones son reacciones a emociones diversas, como sonreír cuando estás contento o arrugar la nariz ante algo repugnante. Muchas expresiones faciales se dan en menos de un segundo. Los investigadores han averiguado que utilizamos 43 músculos de la cara diferentes para producir expresiones faciales.

¿Cuándo una sonrisa no es una sonrisa?

La mujer del cuadro conocido como *Mona Lisa*, la pintura de Leonardo de Vinci, ¿está sonriendo? Hace siglos que se habla del asunto. Existen unos dieciocho tipos de sonrisa, pero solamente una muestra una alegría verdadera. Una sonrisa genuina, o real, recibe el nombre de sonrisa de Duchenne. Usa más músculos faciales que una sonrisa falsa y forma arrugas en el extremo exterior de ambos ojos. Es algo que solo puedes hacer si sonríes de verdad.

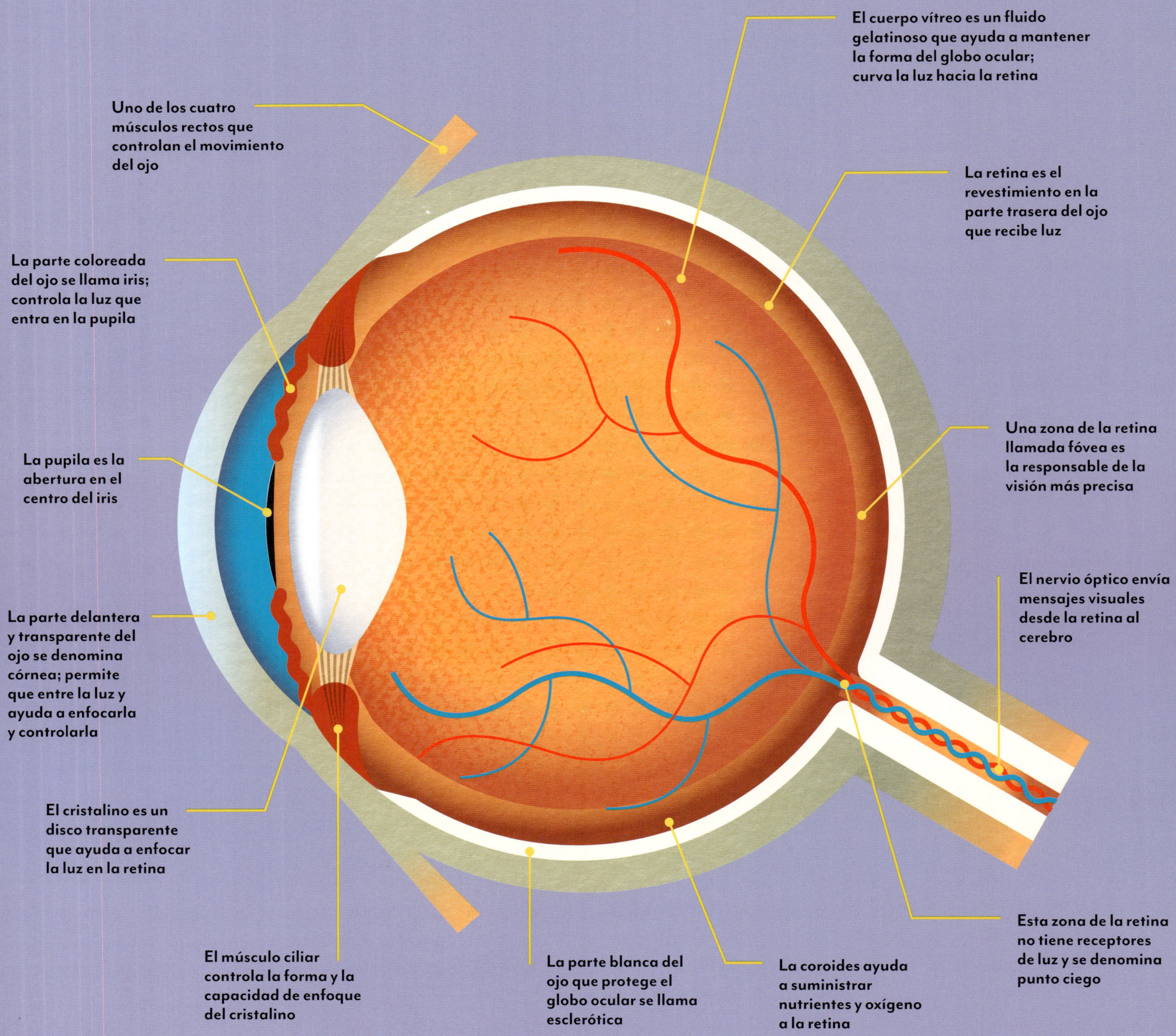

LOS SENTIDOS

Vista, gusto, oído, tacto y olfato son los sentidos que nos ayudan a entender e interactuar con el mundo y con las demás personas. Los órganos corporales, como los ojos, las orejas o la piel..., tienen células receptoras sensoriales que captan señales. Estas células transmiten información a tu cerebro. El cerebro descodifica la información para que sepas lo que ves, oyes, sientes y experimentas en ese momento. Además de esos cinco sentidos básicos, casi todos los animales sienten el movimiento, el calor, el frío, la presión, el dolor y el equilibrio.

El ojo

Los ojos humanos son poderosos órganos que pueden detectar objetos y ver hasta 10 millones de colores. Cuando miras un objeto, la luz se refleja en él y entra en tus ojos. Entonces la luz viaja hacia la retina, detrás de ambos ojos. Millones de células nerviosas, llamadas bastoncillos y conos, convierten la luz en señales eléctricas. Estas señales viajan al cerebro, que procesa la imagen de aquello que estés mirando.

ASESORA ESPECIALIZADA: Kara Rogers **VER TAMBIÉN:** El cuerpo humano, pp. 8-9; ADN y genética, pp. 10-11; El cerebro, pp. 12-13; Emociones, pp. 14-15

La lengua y el gusto

Tienes entre 2.000 y 8.000 papilas gustativas en la lengua, y cada una contiene de 50 a 705 células receptoras del gusto. Las células captan el gusto dulce, salado, ácido, amargo o umami (sabroso) y envían esta información a tu cerebro. Al mismo tiempo, la nariz capta los olores, lo que se suma a la sensación. Por eso la comida no sabe igual si tienes la nariz congestionada por un resfriado.

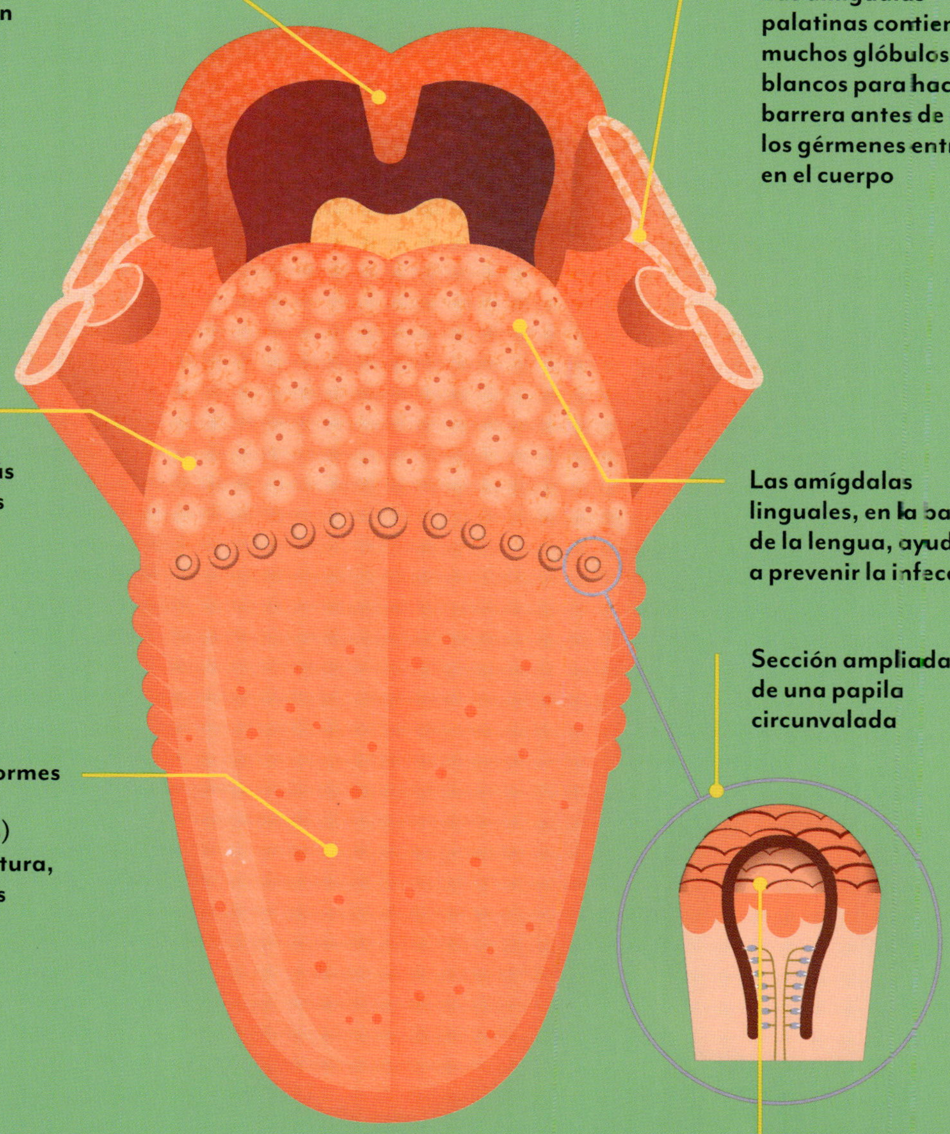

El oído

Con este sentido captamos vibraciones en el aire y las enviamos al oído medio y luego al interno. Allí la cóclea capta la señal y el nervio auditivo envía la información a tu cerebro. El sonido se mide en decibelios (dB). Oír sonidos de más de 120 dB puede resultar perjudicial para tus oídos.

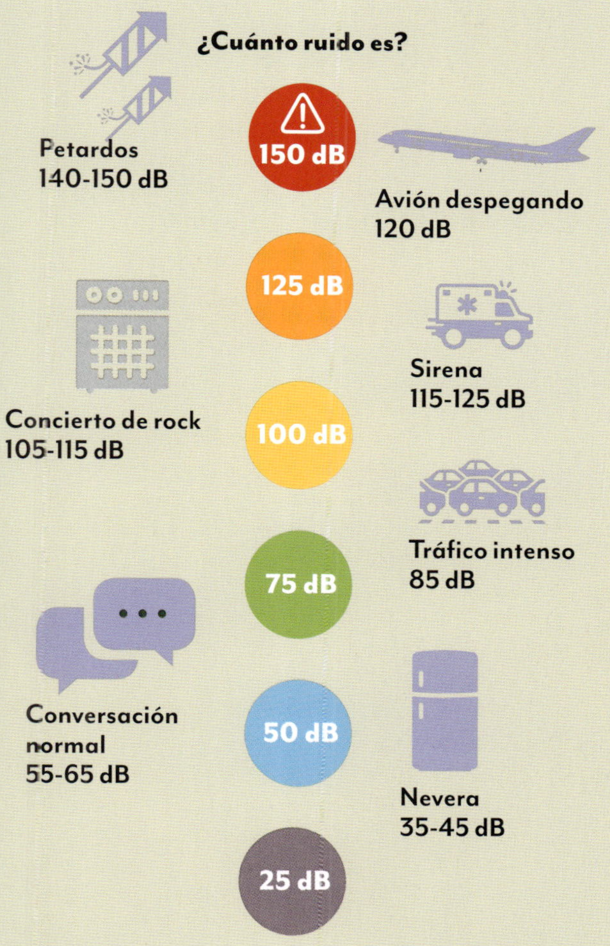

El tacto más sensible

Las rugosidades de las yemas de tus dedos contienen miles de células receptoras táctiles justo debajo de la piel. Estas rugosidades hacen que tus yemas sean capaces de sentir las más leves diferencias en texturas y temperaturas. Como otros receptores sensoriales, los receptores de tacto alertan a tu cerebro. Este clasifica inmediatamente cómo lo siente y lo identifica: suave, áspero, caliente, frío, húmedo, seco...

¡CuriosiDATOS!

La nariz humana puede detectar al menos un billón de olores diferentes. Tu nariz aspira aire que contiene sustancias odorantes, o moléculas olorosas. Dentro de la nariz, en la parte superior, alrededor de 400 tipos de receptores de olor captan estas sustancias. Los receptores envían la información al bulbo olfativo de tu cerebro. La nariz humana puede oler a una mofeta (a la derecha), que desprende un olor semejante al de los huevos podridos, desde 1 kilómetro de distancia.

Comida y geografía

Lo que las personas coman depende de cuándo y dónde viven. Tradicionalmente, se comía lo que vivía o crecía cerca de donde se habitaba. Los inuits del Ártico dependían del pescado y del marisco. Los incas, en Perú, cultivaban patatas. Los primeros mexicanos plantaban y comían tomates. Los exploradores europeos trajeron estos alimentos a Europa. Hoy los países importan comida de todo el mundo, pero las diferentes culturas tienen sus propias maneras de cocinarla.

COMIDA Y COCINA

Todos los animales, los seres humanos incluidos, necesitan comer para vivir y crecer. Así conseguimos la energía que nuestros cuerpos requieren para funcionar. Los primeros humanos cazaban animales salvajes y recogían plantas silvestres para alimentarse. Los cultivos cambiaron la manera de comer de las personas y así las comunidades empezaron a depender de las cosechas. Por ejemplo, los primeros agricultores de Norteamérica dependían del cultivo de frijoles, maíz y calabaza. Con el tiempo, las culturas de todo el mundo desarrollaron sus propias combinaciones de comidas y sabores.

¡CuriosiDATOS!

El recubrimiento brillante de las golosinas proviene de un insecto. La cobertura de las golosinas es de goma laca, una sustancia producida por un insecto que vive en los árboles de la India y Tailandia. Al calentarla y filtrarla, la sustancia se convierte en escamas que luego se disuelven en un producto químico llamado etanol. Esto produce un esmalte que se endurece al enfriarse.

ASESORA ESPECIALIZADA: Chef Suzi Gerber **VER TAMBIÉN:** Volverse humano, pp. 6-7; El cuerpo humano, pp. 8-9

INCÓGNITAS CONOCIDAS

¿Cuándo se empezó a cocinar la comida?

Nadie sabe con exactitud cuándo los humanos empezaron a cocinar. Los demás animales, en su totalidad, ingieren la comida cruda. Cocinar los alimentos hace más fácil su masticación y su digestión. Una de las primeras especies humanas, el *Homo erectus*, aprendió a controlar el fuego, pero no dejó evidencias de comida cocinada. Aun así, tanto los neandertales como el primer *Homo sapiens* dejaron como rastro huesos quemados de animales, con lo que deducimos que estos antepasados sí que cocinaban.

¿Qué comida necesita el cuerpo?

En este plato se representan las proporciones de fruta, verduras, cereales integrales y proteínas que necesitamos para una dieta equilibrada y nutritiva. Los humanos pueden comer tanto carne como vegetales. Algunas personas, conocidas como veganos, eligen comer solamente vegetales. Todos deberíamos comer fibra, como la que hay en los cereales integrales, para estar sanos.

Desperdicio de alimentos

Los agricultores a veces desechan hortalizas por su forma imperfecta, porque nadie las compraría. En todo el mundo se echa a perder alrededor de un tercio de toda la comida que se produce. Entretanto, más de 820 millones de personas pasan hambre. Una manera de dejar de desperdiciar alimentos sería comprar comida que no fuera perfecta.

Alimentos básicos

Llamamos «básicos» a los alimentos que consumimos habitualmente. Entre ellos están el maíz, el arroz y el trigo. Estos tres cereales forman más de la mitad del consumo alimentario mundial, aunque haya 50.000 plantas diferentes que son comestibles. Más de 3.500 millones de personas en el mundo dependen del arroz como su principal fuente de alimentación. Las patatas son un alimento básico. En partes de África y Asia, los frijoles, las lentejas y los garbanzos también son alimentos básicos.

VESTIDO Y ORNAMENTO

Los humanos siempre han vestido sus cuerpos y los han decorado. Sabemos que los hombres prehistóricos llevaban joyas, se aplicaban pintura corporal y se tatuaban la piel. El vestido y el ornamento pueden ser símbolos de belleza, riqueza, estatus o religión, o bien demuestran que alguien pertenece a cierto grupo. Muchas veces, las personas solamente quieren seguir las últimas modas o expresar su propio estilo personal.

¡CuriosiDATOS!

¡En la antigua Roma, un tinte púrpura hecho con caracoles de mar y orina costaba tanto como las perlas! Solo la realeza y otras personas importantes podían permitirse prendas teñidas con púrpura de Tiro. Para producir solamente una pequeña cantidad de tinte, se sumergía durante diez días en orina la mucosa extraída de 250.000 caracoles de mar.

¡Mírame!

Las personas a menudo se visten para impresionar. La rapera americana Cardi B llevó un enorme vestido rojo para la Gala del MET de Nueva York en 2019 (abajo). Celebraciones como esta reunión benéfica ofrecen a las personas famosas una ocasión para mostrar lo glamurosas que son. Las fiestas y las bodas son oportunidades para que cualquiera haga lo mismo.

ASESORA ESPECIALIZADA: Pravina Shukla **VER TAMBIÉN:** El cerebro, pp. 12-13; Emociones, pp. 14-15; Artes escénicas, pp. 32-33; Festivales, pp. 46-47

La guinda del pastel

Parece que desde siempre se han llevado pelucas. Por ejemplo, los antiguos egipcios se afeitaban la cabeza para hacerlo. Desde el siglo XVI hasta el XVIII, en Europa los hombres ricos llevaban pelucas elaboradísimas y carísimas. Este dibujo hace burla de esa moda. La peluca del hombre es tan alta que su criado tiene que ajustarla con un palo.

Este hombre está haciendo el *haka*, una danza maorí practicada en ocasiones especiales. Abre mucho los ojos para tener un aspecto feroz

Durante el *haka*, los bailarines sacan la lengua

Historia cultural

Para los maoríes de Nueva Zelanda los tatuajes eran sagrados. Las mujeres solían tatuarse los labios y la barbilla. En el caso de los hombres, el tatuaje podía cubrirles toda la cara, lo mismo que las nalgas y los muslos. Los británicos prohibieron estos rituales cuando colonizaron Nueva Zelanda en el siglo XIX, pero el pueblo maorí ha revivido esta práctica.

Piedras preciosas

Navaratna, una palabra sánscrita que se traduce por «nueve gemas», tiene un significado especial en la India. Se cree que llevar las nueve gemas te da suerte y salud. Las gemas se ordenan de un modo particular. En el centro hay un rubí, que representa el Sol. Está rodeado por un diamante, una perla, un coral naranja, un granate, un zafiro azul, un ojo de gato, un zafiro o topacio amarillo y una esmeralda.

Tierra, aire, agua

Los tejidos coloridos que visten los masáis de Kenia y Tanzania son más que decorativos. Cada color tiene un significado. La tradicional tela *shuka* a menudo es roja: el color de la sangre, que representa la valentía. Los brazaletes, collares y pendientes indican el estatus de quien los luce, además de su clan. Tiempo atrás los masáis los hacían de materiales como el hierro y el hueso, pero hoy utilizan cuentas de cristal y fibra.

El azul representa el cielo, que proporciona la lluvia, tan importante para el ganado y las cosechas

En la cultura masái, el rojo representa la valentía y hasta se cree que asusta a los leones

CREENCIAS RELIGIOSAS

¿En qué cree la gente? Según las estadísticas, con 4.400 millones de creyentes entre ambas, el cristianismo y el islam son las principales religiones. Cada una de estas religiones tiene muchas ramas. Los católicos, por ejemplo, son una rama del cristianismo, y los suníes lo son del islam. Algunas religiones son una mezcla de diferentes creencias y prácticas. También hay millones de personas sin creencias religiosas.

CRISTIANISMO

2.500 millones

El cristianismo es una religión que tuvo su origen en el siglo I, basada en las enseñanzas de Cristo, o Jesús de Nazaret, quien según los cristianos es el hijo de Dios. Los cristianos creen en un solo dios. La Biblia es el libro religioso del cristianismo.

ISLAM

1.900 millones

El profeta Mahoma fundó el islam en Arabia en el siglo VII. La palabra *islam* significa «sumisión». Los musulmanes se someten a un dios, Alá. El libro sagrado es el Corán, escrito en árabe.

HINDUISMO

1.000 millones

El hinduismo se inició en la India hace más de 3.000 años. Los hindúes veneran a muchos dioses y creen que Brahma es el creador del universo. Los Vedas, escritos en sánscrito, son los textos más antiguos del hinduismo.

BUDISMO

550 millones

El budismo se basa en las enseñanzas de Siddhartha Gautama, Buda, y se fundó en la India sobre el año 500 a. C. Se pone el foco en la manera de vivir para alcanzar el nirvana, un estado de perfecta comprensión y paz.

SIJISMO

28 millones

Seguidores del maestro espiritual Nanak (finales del siglo XV), los sijs creen en un Dios. Su obra sagrada es el libro *Sri Gurú Granth Sahib Ji*, que contiene las enseñanzas de Nanak.

JUDAÍSMO

15 millones

La religión judía se inició hace por lo menos 3.000 años en lo que ahora es Israel. Los judíos creen en un único dios y siguen las enseñanzas escritas en el Tanaj (Biblia hebrea), la Midrash y el Talmud.

ASESORA ESPECIALIZADA: Gina A. Zurlo

OTRAS RELIGIONES

850 millones, entre ellas:

1. **Falun Gong** (10 millones): combina técnicas de meditación y ejercicios rituales. Fundado en China en 1992.
2. **Caodaísmo** (8 millones): toma ideas del taoísmo, budismo, confucianismo y cato icismo. Fundado en Vietnam en 1926.
3. **Fe baha'i** (5-7 millones): creencia según la cual todas las personas pertenecen a una religión con un dios. Fundada en Irán en 1863.
4. **Confucianismo** (5-6 millones): una antigua religión que sigue las enseñanzas de Confucio, gran pensador chino.
5. **Jainismo** (4 millones): fe que cree en la eternidad del alma humana. Tiene raíces en la India en el siglo VI a. C.
6. **Sintoísmo** (3-4 millones): sus seguidores creen en los *kami* («espíritus») y visitan santuarios. Fundado en el Japón antiguo.
7. **Wicca** (1-3 millones): se centra en la brujería y en la naturaleza. Se extendió desde Inglaterra en la década de 1950.
8. **Rastafarismo** (1 millón): religión y movimiento político que se inició en Jamaica en la década de 1930.
9. **Tenrikyo** (1 millón): religión basada en el sintoísmo cuyos seguidores creen en una deidad llamada Tenri-O-no-Mikoto. Se inició en Japón en el siglo XIX.
10. **Zoroastrismo** (1 millón): veneran al dios supremo Ahura Mazda. Comenzó en Irán en el siglo VI a. C.

TAOÍSMO

9 millones

Esta religión china se inició hace más de 2.000 años. Sus seguidores creen en la acción en armonía con el Tao («el camino») y se esfuerzan por no perturbar el curso natural de la existencia.

PERSONAS NO RELIGIOSAS

880 millones

Entre las personas no religiosas están los ateos, los agnósticos y los que no tienen ninguna filiación religiosa. Muchos no creen en ningún dios o ser superior, pero sí que participan en algunas prácticas espirituales, como el rezo o la meditación.

GUERRA Y CONFLICTO

Las teorías sobre las razones que llevan a las personas a pelear o a la guerra son numerosas. La guerra puede surgir del miedo a un ataque o a una disputa por dinero, religión, recursos alimenticios o territorios. Las guerras civiles, entre grupos opuestos de un mismo país, suelen responder a la lucha por el control del país. Algunos científicos afirman que el conflicto es parte de la naturaleza humana. Otros no están de acuerdo. Hoy muchos conflictos siguen vivos, pero gran parte del mundo está en paz.

La batalla de Little Bighorn

Amos Bad Heart Buffalo, un siux de la tribu Oglala Lakota, pintó la batalla de Little Bighorn (arriba). El 25 de junio de 1876, los guerreros lakota y los cheyenes derrotaron al ejército de Estados Unidos. La guerra finalizó con el ejército estadounidense expulsando a las tribus de las llanuras para facilitar el establecimiento de los colonos blancos.

Protesta pacífica

No todos los conflictos son violentos. Las protestas pacíficas también pueden llevar al cambio político. En 2018 se iniciaron las protestas en Sudán para denunciar la dureza del gobierno del país. El presidente fue juzgado y enviado a prisión. Un nuevo gobierno está en el poder, pero el país sigue enfrentándose a grandes problemas.

ASESOR ESPECIALIZADO: Michael Ray **VER TAMBIÉN:** ADN y genética, pp. 10-11; Creencias religiosas, pp. 22-23; Ley y crimen, pp. 38-39

Naciones Unidas

Cuando finalizó la Segunda Guerra Mundial en 1945, 51 países se unieron en la Organización de las Naciones Unidas (ONU). Su misión era mantener la paz en el mundo y supervisar temas como la defensa de los derechos humanos. Hoy la ONU la forman 193 Estados miembros.

Los efectos de la guerra

La guerra destruye escuelas, hospitales y barrios enteros. La población se enfrenta a la muerte de sus seres queridos y a veces llega el hambre. Muchas personas se ven forzadas a desplazarse y se convierten en refugiados. Partes de Siria, como el este de Alepo (abajo), quedaron destruidas en la guerra que empezó en 2011. Millones de personas huyeron de sus hogares en busca de seguridad. En la actualidad, 5,6 millones de refugiados sirios viven fuera de su país. Otros millones más están desplazados en el interior.

Identificación de los muertos

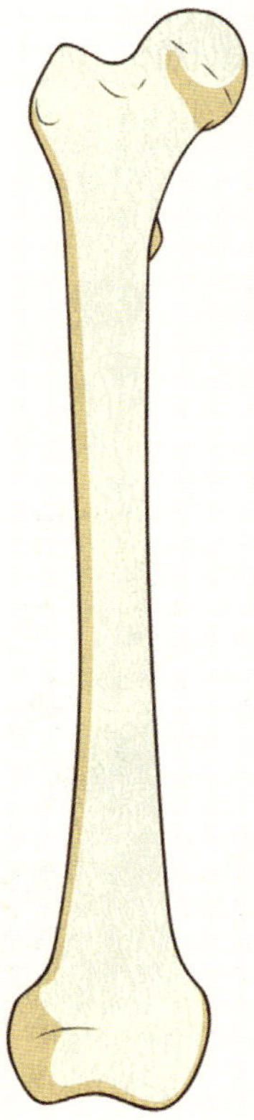

Millones de soldados y civiles han muerto en las guerras del mundo. A muchos los enterraron rápidamente y sin ningún registro de su identidad. Desde la década de 1990, la prueba del ADN identifica restos humanos, como huesos, para informar sobre personas desaparecidas. A veces saber quiénes eran las víctimas puede ayudar a llevar a sus asesinos ante la justicia.

¡NOTA del experto!

MICHAEL RAY

Editor de Historia Europea y Asuntos Militares

Michael Ray escribe sobre historia y conflictos para Encyclopaedia Britannica. Cree que aprender de las guerras del pasado puede ayudarnos a evitarlas en el futuro.

«Si es verdad que la historia se repite, deberíamos intentar no repetir las peleas».

Máquinas de matar

Tener mejores armas puede ayudar a que la gente gane una guerra. La primera ametralladora que tuvo éxito fue la Gatling, inventada en 1862, durante la guerra civil estadounidense. Fue un arma que cambió la manera de luchar de los ejércitos. A diferencia de un rifle, podía repetir disparos sin recargar. La Maxim (en la ilustración) se inventó sobre 1884. Fue la primera ametralladora completamente automática y se utilizó en batallas contra pueblos indígenas y durante la Primera Guerra Mundial.

LENGUA Y NARRACIÓN

La lengua es el sistema que usamos para comunicarnos unos con otros. A través de ella podemos expresar pensamientos, sentimientos e ideas, y hablar sobre el pasado y el futuro. La lengua puede ser hablada o de signos, lo que significa que es expresada por gestos de las manos, el rostro y el cuerpo. Se convierte en un arte gracias a la narración y su transformación es permanente.

Aprender a hablar

Desde el nacimiento, el cerebro de un niño está conectado para el lenguaje. El niño lo aprende mediante la observación e interactuando con las personas a su alrededor. Los balbuceos iniciales, hablados o gestualizados, se convierten en palabras, que a su vez se transforman en frases completas. A los cinco años, la mayoría de los niños hablan su lengua con fluidez.

Narración

Mucho antes de desarrollar la escritura, los humanos ya se ocupaban de que la historia y el saber se conservaran de una generación a otra. Utilizaban las palabras para explicar historias y cantar canciones. Esta tradición todavía es evidente en muchísimas culturas del mundo. Comprende desde el arte de contar cuentos tradicionales en Marruecos hasta las letras del rap más moderno.

ASESORA ESPECIALIZADA: Laura Kalin **VER TAMBIÉN:** El cerebro, pp. 12-13; Lectura y escritura, pp. 28-29; Creación del arte, pp. 30-31; Educación, pp. 40-41

Lengua de signos

A veces las personas se comunican mediante gestos de las manos. Esto es la lengua de signos. No es lo mismo que cuando la gente usa sus manos al hablar, porque eso son gestos, y también los utilizan quienes hablan por signos. En muchos sentidos, las lenguas de signos se parecen a las lenguas habladas. En el mundo se usan centenares de lenguas de signos diferentes, entre ellos la lengua de signos americana (ASL), en Estados Unidos.

Lenguas del mundo

Este gráfico muestra los diez idiomas más usados como primera o segunda lengua. El chino mandarín es el que más hablantes nativos tiene y el inglés es el más hablado como segunda lengua. Hoy coexisten más de 6.000 lenguas diferentes. Sin embargo, el 40 % de las lenguas del mundo corren el peligro de que nadie las siga hablando, y muchas otras ya se han extinguido. Como promedio, una lengua se extingue cada 90 días.

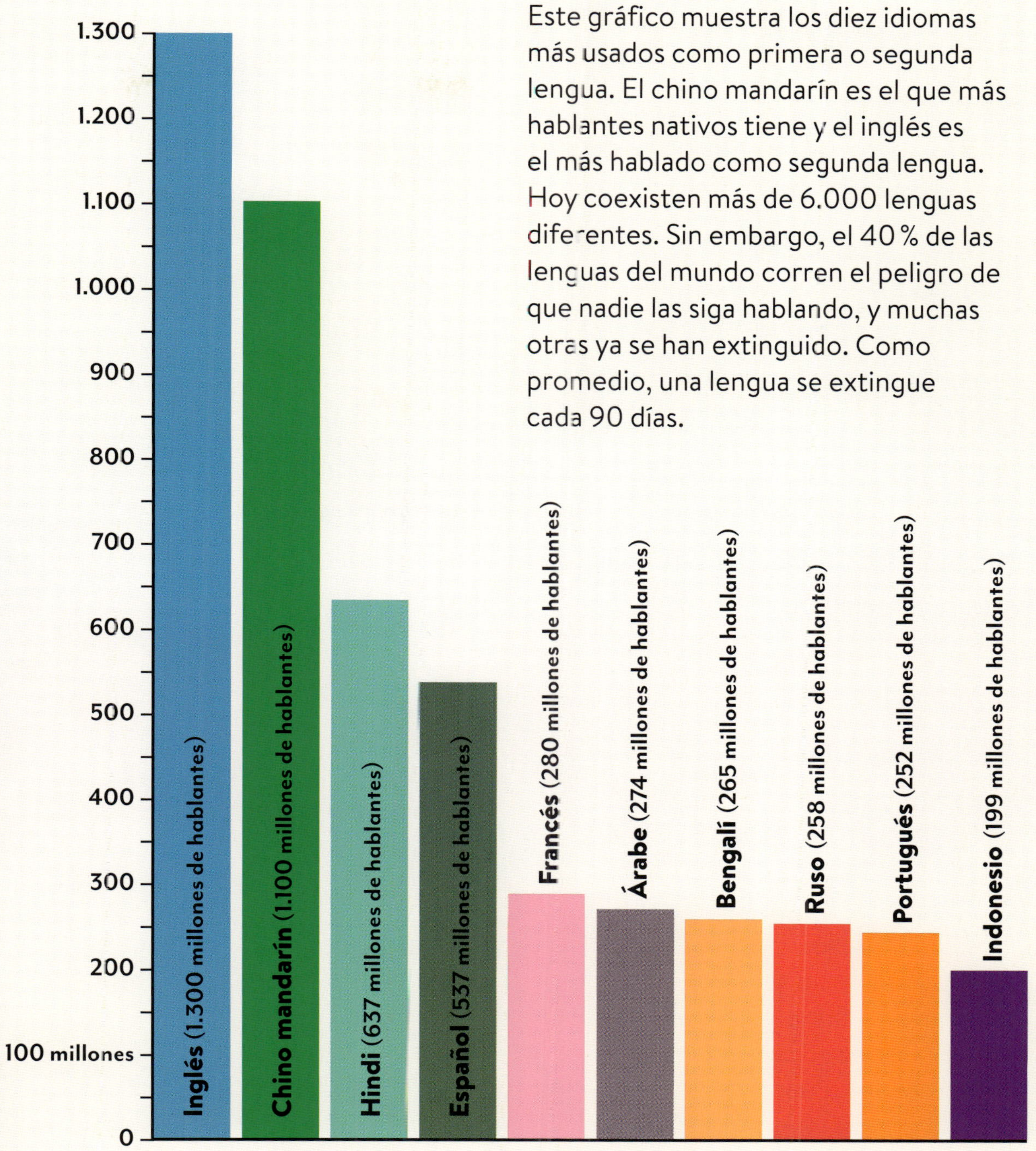

¡CuriosiDATOS!

En Papúa Nueva Guinea se hablan alrededor de 840 lenguas diferentes. Este pequeño país del Pacífico tiene unos siete millones de habitantes. Con tantas lenguas, resulta que algunas solamente las hablan 3.000 personas. El inglés y el tok pisin son las lenguas comunes que permiten comunicarse a los diferentes grupos. El tok pisin es una lengua criolla, lo que significa que se ha desarrollado a partir de una lengua mixta, es decir, de sistemas de comunicación simple que surgen cuando los hablantes de múltiples lenguas necesitan comunicarse entre ellos.

¡NOTA del experto!

LAURA KALIN

Lingüista

Incluso idiomas que parecen radicalmente diferentes tienen muchas propiedades comunes, desde el senaya en Irán hasta el malgache en Madagascar, o el hixkaryana en Brasil. La profesora Kalin intenta averiguar qué propiedades son esas y por qué existen.

«Allí donde haya humanos, existe el lenguaje».

LECTURA Y ESCRITURA

¿Qué diferencia a la escritura del lenguaje? Al hablar usamos el lenguaje, pero escribir nos permite ir más allá en la expresión de las ideas, con una mayor permanencia. Aunque los primeros humanos no disponían de un sistema de escritura, hicieron marcas en las piedras y pintaron imágenes. A partir de aquí, la escritura evolucionó para convertirse en una forma de mantener registros y, más adelante, historias. Luego se utilizó para verter los pensamientos en un código que los demás pudieran leer y entender. Lo mismo que hablamos, también nos comunicamos a través de la lectura y de la escritura.

INCÓGNITAS CONOCIDAS

¿Qué fue primero, el número o la letra?

Mucho antes de que hubiera símbolos para los números, las personas contaban con los dedos. Luego hacían marcas en piedras o en arcilla. Hace unos 5.400 años, los egipcios usaban marcas rectas para los números pequeños y dibujaban un símbolo para el 10. ¿Llevaron esos símbolos a la escritura? Nadie lo sabe con certeza.

Marcas visibles

Los sumerios inventaron el primer sistema escrito de verdad, llamado cuneiforme, hace más de 5.000 años. Los antiguos mayas usaban los jeroglíficos, signos que representan palabras, objetos o sonidos. Escribían en piedras como esta, pero también crearon libros con papel de corteza de higuera.

Alfabetos

Los fenicios inventaron un alfabeto sobre el 1500 a. C. que adoptaron y ampliaron los griegos. De allí proviene el alfabeto latino que hoy conocemos, a través de otros más, como este alfabeto etrusco (a la izquierda). La mayoría de las lenguas europeas siguen utilizando el alfabeto latino.

Código descifrado

Leer escritos antiguos es descifrar códigos. Cuando una escritura deja de usarse, las siguientes generaciones no saben qué significan los símbolos. La piedra de Rosetta resultó crucial para descifrar jeroglíficos egipcios. El mensaje inscrito en la piedra aparece repetido en tres escrituras diferentes. Las tres inscripciones celebran el aniversario del soberano Ptolomeo V.

ASESOR ESPECIALIZADO: Paul Dilley **VER TAMBIÉN:** El cerebro, pp. 12-13

La imprenta

Los primeros libros estaban escritos a mano. Costaban mucho dinero y llevaba mucho tiempo hacerlos. Hacia 1450, el alemán Johannes Gutenberg desarrolló la primera imprenta en Europa. La imprenta podía producir muchos libros en un corto espacio de tiempo. Por primera vez no solo los ricos podían permitirse el lujo de comprar libros.

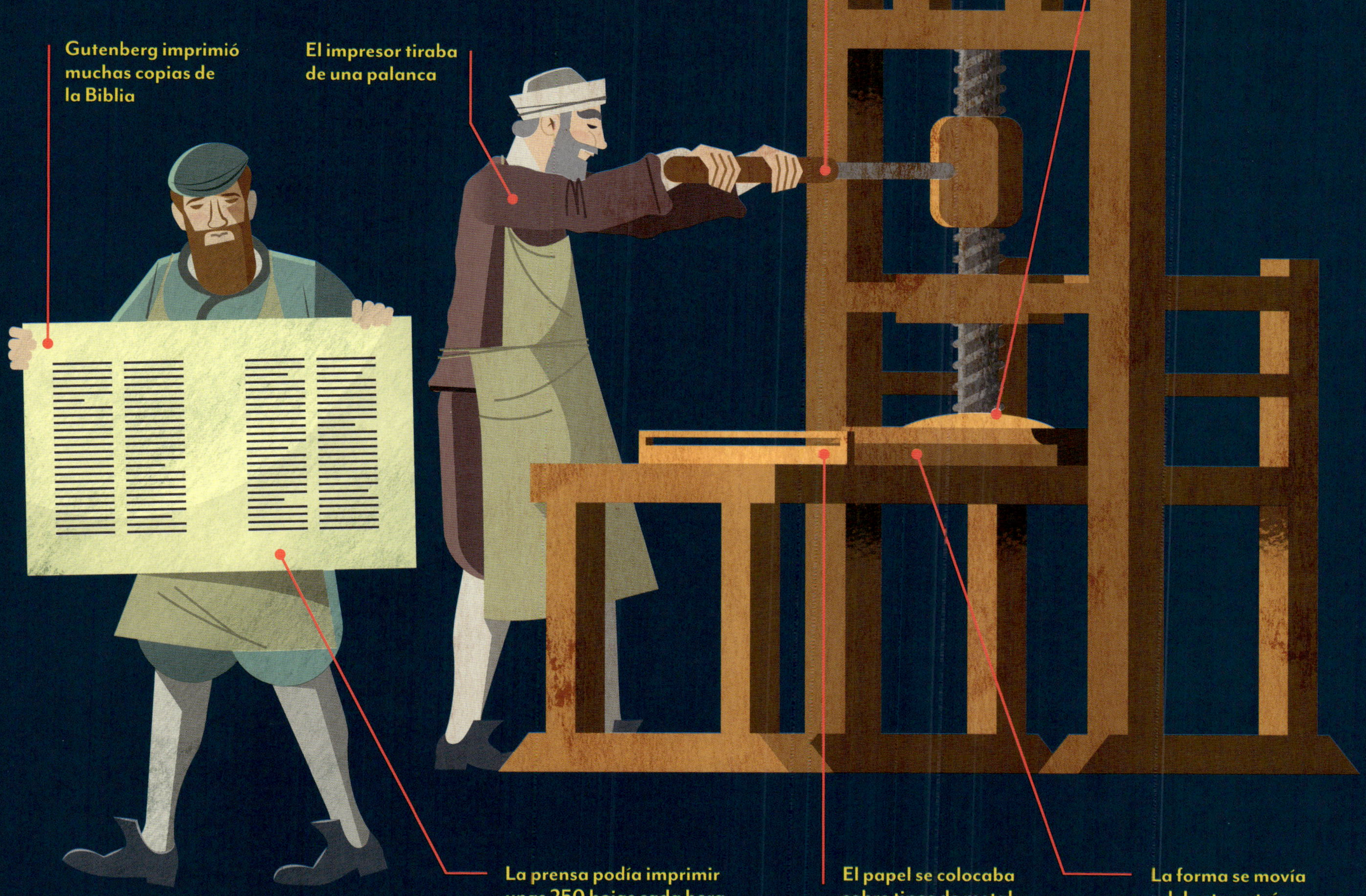

CAMBIO RADICAL

MURASAKI SHIKIBU

Escritora, 978-1014
Kioto, Japón

Murasaki Shikibu escribió la primera novela del mundo, *La novela de Genji*, hace más de 1.000 años. Shikibu era una dama de honor de la corte real japonesa. La novela es una extensa narración de 54 capítulos y miles de páginas. El manuscrito de Shikibu se perdió, pero el poeta Teika hizo una copia del libro en torno al año 1200. Solamente se han encontrado cinco de los capítulos copiados. El quinto capítulo se encontró en Tokio en 2019.

Caracteres chinos

Los chinos inventaron su sistema de escritura hace unos 4.000 años. Utiliza caracteres, más que un alfabeto. Algunos eran pictografías, de modo que el carácter para «hombre» parecía una persona en pie. Se han producido algunos cambios, pero el sistema sigue en uso. Una persona china con educación conoce entre 3.000 y 8.000 caracteres.

CREACIÓN DEL ARTE

Algunas de las primeras obras de arte que se conocen son pinturas rupestres hechas hace más de 40.000 años. En esos tiempos, las personas raramente pintaban figuras humanas. En lugar de eso solían tallar y pintar animales. Los expertos no saben cuál podía ser el uso de estas obras de arte. ¿Tal vez las hicieran por motivos religiosos o espirituales? ¿O para enseñar a los demás? Algunos de los ejemplos más antiguos se encuentran en cuevas de Indonesia, Francia y Bulgaria.

Las pinturas de bisontes en la cueva de La Covaciella parecen de tres dimensiones por el sombreado oscuro

Arte animal

Pinturas de bisontes, caballos y ciervos decoran algunas cuevas del norte de España. Algunas pueden datar de hace 36.000 años. Durante miles de años, estas cuevas estuvieron selladas, lo que las protegió de la luz y el aire. Ahora, dado que la humedad de la respiración de las personas resulta perjudicial para las pinturas, las cuevas están cerradas y se han construido réplicas para los visitantes. Las pinturas de la cueva de La Covaciella, en España, se crearon hace unos 14.000 años. Esta fotografía se tomó en la cueva replicada.

Estos negativos de la Cueva de las Manos, en Argentina, tienen una antigüedad de entre 9.500 y 13.000 años

Huellas de manos

Las manos en negativo se encuentran en las paredes de cuevas y de refugios rocosos de todo el mundo, como en la Cueva de las Manos, en Argentina. Para hacerlas, los artistas soplaban color sobre la mano apoyada en la pared, con la boca o con una cerbatana.

ASESOR ESPECIALIZADO: Mark Sapwell **VER TAMBIÉN:** Lengua y narración, pp. 26-27

Los pintores rupestres
a veces grababan los
contornos de los animales
y luego solían pintar
encima con hollín o con
carbón
Los artistas a menudo
usaban las protuberancias
en la pared de la cueva para
reproducir la giba del animal
Los artistas usaban
el ocre rojo, una arcilla,
para pintar en este color

ARTES ESCÉNICAS

Los actores, los bailarines y los músicos actúan para un público. Usan el cuerpo, la voz, los instrumentos musicales... para expresarse. A veces trabajan según una tradición antiquísima y otras veces experimentan con nuevos sonidos y formas. Teatro, danza y música, todos con diferentes estilos. El pop es un estilo musical y el tango es un estilo de baile. Algunas de las obras más apasionantes mezclan estilos y géneros. Un espectáculo de baile, por ejemplo, puede incluir jazz, ballet clásico y hip-hop.

Los artistas

Actuar es en gran parte fascinar al público. El Cirque du Soleil (derecha) muestra las increíbles capacidades del cuerpo humano. Acróbatas, bailarines y contorsionistas juegan con sus cuerpos de maneras asombrosas. Los primeros circos, en tiempos de los romanos, incluían luchas entre animales, combates entre gladiadores y carreras de carros.

Empieza la función

La palabra *teatro* viene de la antigua palabra griega *theâsthai*, que significa «mirar». Los antiguos atenienses celebraban un festival en honor de Dionisio, el dios del teatro y el vino, en el teatro consagrado a él (a la izquierda). Los griegos acudían a ver comedias, tragedias y sátiras en obras representadas al aire libre.

ASESORA ESPECIALIZADA: Alicja Zelazko **VER TAMBIÉN:** El cerebro, pp. 12-13; Emociones pp. 14-15; Los sentidos, pp. 16-17; Lengua y narración, pp. 26-27; Creación del arte, pp. 30-31; Festivales, pp. 46-47

Ópera de Pekín

A finales del siglo XVIII surgió en China un género de drama musical llamado ópera de Pekín, *Jingxi*, que hoy cuenta con más de 1.000 obras diferentes basadas en conocidas leyendas chinas. En ellas se suelen incluir números de acrobacia o de espadas con vestuarios y decorados muy coloridos. El maquillaje de algunos personajes simboliza rasgos particulares, como el rojo para la valentía y el blanco para la traición. Hasta finales del siglo XX, todos los papeles los representaban hombres.

CAMBIO RADICAL

WILLIAM SHAKESPEARE

Dramaturgo, 1564-1616
Inglaterra

El autor teatral más famoso del mundo es William Shakespeare, que vivió hace más de 400 años. Las obras de Shakespeare gustaban a todos los miembros de la sociedad, desde la realeza hasta las personas más necesitadas. Todo el mundo se identificaba con los temas de sus creaciones, que iban desde la venganza, como en *Hamlet*, hasta el amor trágico, como el de *Romeo y Julieta*. Shakespeare escribió unas 37 obras que se han traducido a más de 100 lenguas.

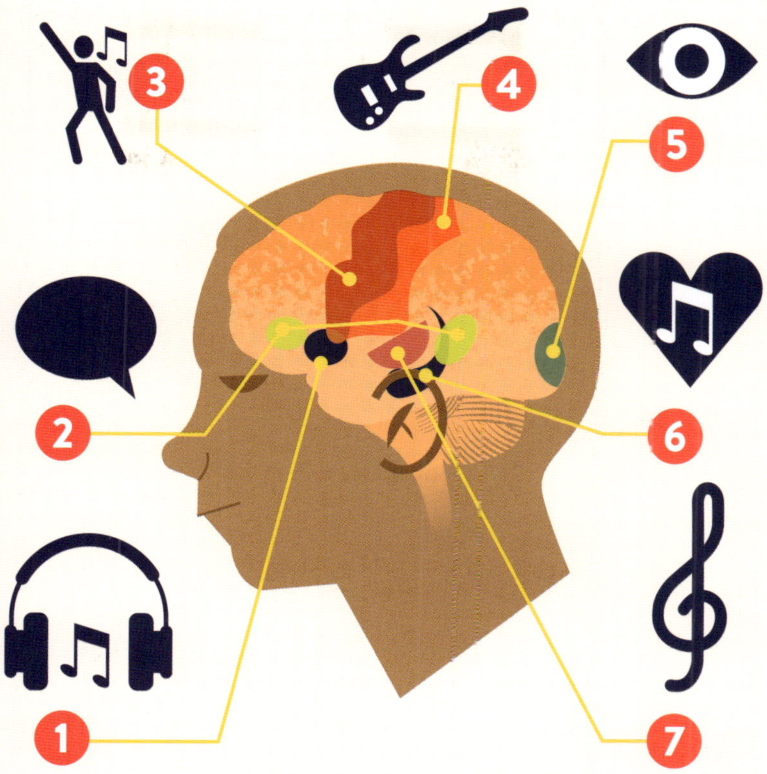

1 **Núcleo accumbens**
La hormona dopamina se incrementa en esta área cuando escuchas música y hace que te sientas excitado.

2 **Área de Broca y área de Wernicke**
Utilizadas para entender la palabra escrita y hablada. Juegan un papel en la producción del discurso.

3 **Corteza motora**
Se activa cuando tocas un instrumento, bailas o te mueves con la música.

4 **Corteza sensorial**
Empieza a funcionar al tocar un instrumento, al bailar o al llevar el ritmo con el pie.

5 **Corteza visual**
Se usa para leer música, para seguir los pasos de una danza y para ver vídeos.

6 **Hipocampo**
Aquí la música recupera recuerdos y suscita emociones.

7 **Corteza auditiva**
En esta parte del cerebro se procesa el sonido, la música incluida.

Estimulación del cerebro

Los científicos han descubierto que muchas áreas del cerebro se activan cuando oímos música. Diferentes tipos de música influyen en la química del cerebro de distintas maneras. Si escuchas música relajante, por ejemplo, te bajarán los niveles de cortisol, la hormona que causa el estrés. Los cuidadores a menudo recurren a la terapia musical como ayuda para involucrar a las personas que sufren demencia.

¡CuriosiDATOS!

En 2013, el astronauta Chris Hatfield grabó un disco en el espacio. En esos días trabajaba en la Estación Espacial Internacional. Lo tituló *Space Sessions: Songs from a Tin Can* («Sesiones espaciales: Canciones desde una lata»). Son doce canciones, con una versión del *Space Oddity* de David Bowie.

Street dance

Algunas de las actuaciones artísticas más emocionantes y creativas surgen entre grupos de jóvenes de barrio. Los primeros *break dancers* actuaron en Nueva York a finales de la década de 1960 y utilizaban movimientos de las artes marciales desarrollados por las bandas de la calle. Con el desarrollo del hip-hop, el *break dance* se convirtió en parte de la cultura urbana. En California, Sam Solomon introdujo los movimientos *boogaloo* y *popping*.

CALENDARIOS

En la Antigüedad, los seres humanos marcaban el paso del tiempo mirando la posición del Sol, las estrellas y la Luna en el cielo. Los primeros calendarios se basaban en estas observaciones. Un día es lo que tarda la Tierra en girar sobre su eje. Un mes lunar corresponde más o menos a los 29,5 días que tarda la Luna en pasar por todas sus fases, de luna llena a luna llena. A la Tierra le lleva 365,25 días orbitar el Sol. Llamamos a este tiempo año solar. Dado que están basados en fenómenos diferentes, no resulta nada fácil encajar días, meses y años en un solo sistema. Diferentes culturas crearon calendarios que resolvieron este problema de distintas maneras.

2600 a. C.
El calendario babilónico tiene 12 meses lunares de 29 o 30 días. Cada día se divide en 12 partes iguales

1400 a. C.
El calendario lunar chino tiene 12 meses de 29 o 30 días. Un mes bisiesto se añade cada dos o tres años. El calendario tiene un ciclo de 12 años con nombres de animales

543 a. C.
El calendario budista se basa en la Luna y el Sol y tiene 12 meses, que alternan entre 29 y 30 días. Esto suma 354 días, así que un mes bisiesto se añade cada tres años, más o menos

57 a. C.
Nepal y algunas partes de la India usan el calendario Vikram Samvat, que tiene meses lunares y el año sideral. El Año Nuevo tiene lugar tras Diwali, un festival que se celebra en octubre o noviembre

78 d. C.
Algunas poblaciones de Bali y de parte de la India usan el calendario lunar Saka. Se añade un mes extra cada 30 meses para que el calendario se mantenga en línea con el año solar

2500 a. C.
El calendario egipcio tiene 365 días de 24 horas cada uno y tres estaciones: siembra, cultivo y cosecha. En 239 a. C. se añade un día bisiesto cada cuatro años: el primero en tener un año de 365,25 días

600 a. C.
El año judío tiene 354 días divididos en 12 meses. Un año bisiesto se da en siete ocasiones durante un ciclo de 19 años. Durante un año bisiesto se añade un mes llamado Adar Shení

500 a. C.
Los mayas tienen un sistema complejo que se conoce como ronda del calendario. Son tres calendarios con diferentes números de días. Los calendarios coinciden cada 52 años solares

46 a. C.
El calendario juliano, nombrado así por Julio César, tiene un año bisiesto cada cuatro años. El mes de julio recibe el nombre en honor a César. En el año 8 d. C., Augusto nombró un mes en su propio honor (agosto)

79 d. C.
En la India, el calendario Shaka Samvat sigue el año sidéreo, que es el tiempo que lleva a la Tierra orbitar el Sol y volver exactamente a la misma posición en relación con las estrellas

ASESOR ESPECIALIZADO: Daryn Lehoux **VER TAMBIÉN:** Lectura y escritura, pp. 28-29; Festivales, pp. 46-47

La llegada de la primavera

Muchas culturas celebran la primavera con festivales para marcar la siembra de los cultivos. Este detalle de la pintura *La primavera*, del artista italiano del Renacimiento Sandro Botticelli, muestra a Flora, diosa de la primavera y de las flores. La obra se inspira en la mitología romana, según la cual una ninfa llamada Cloris se convirtió en Flora cuando Céfiro, el viento del oeste, la besó.

350 d. C.
El calendario etíope incluye 12 meses de 30 días y un mes de cinco días. Cada cuatro años, el último mes tiene seis días. El calendario está vinculado con los días de festividades y santos cristianos

622 d. C.
El año lunar musulmán tiene 12 meses de 29 o 30 días, sin años bisiestos. Las fechas de las festividades se adelantan 10 u 11 días cada año cuando se comparan con el calendario gregoriano

1079
En Persia, un grupo de astrónomos (científicos que estudian las estrellas y los planetas) crean el calendario Jalali, basado en el antiguo calendario solar persa, pero incluyendo años bisiestos

1084
El antiguo calendario solar armenio se ajusta según el científico armenio Hovhannes Sarkavag, quien añade un día bisiesto cada cuatro años

1300
Los incas de Sudamérica estudian el Sol, la Luna y las estrellas para calcular su calendario. Tienen 12 meses lunares, que relacionan con momentos importantes para la siembra y la cosecha

1350
En Bali, el calendario Pawukon marca el momento de la mayoría de las festividades. El año del calendario tiene 210 días. Los meses son seis y tienen 35 días

1400
Los aztecas hacen cambios en el sistema del calendario maya e incluyen un año de 365 días. Como los mayas, los aztecas creen que cinco días al final del año son de mal agüero

1582
El calendario gregoriano corrige el juliano, cuyo año es 11 minutos demasiado largo. En 1923 se convierte en el calendario oficial de todos los países, excepto de algunos países musulmanes, Etiopía y Nepal

DINERO

El dinero se ha utilizado para vender y comprar desde hace más de 4.000 años. Los antiguos egipcios hacían barras de oro, cuyo valor dependía de su peso. Los chinos inventaron el papel moneda sobre el 806 a. C. La mayoría de los países dispone de su propia moneda, como el dólar en Estados Unidos, o la comparte, como ocurre con el euro en gran parte de Europa. Hoy, la Oficina de Grabado e Impresión de Estados Unidos imprime 26 millones de billetes al día, unos 974 millones de dólares.

El desarrollo del dinero

Las primeras formas de moneda eran objetos que se encontraban en la naturaleza, como las valvas. Las primeras monedas metálicas estaban hechas de cobre, plata u oro. Ahora la gente puede usar aplicaciones de banca para realizar una compraventa.

El trueque era el sistema para comerciar o intercambiar artículos como grano, ganado y vasijas.

El dinero de metal representaba el valor de las pertenencias. Los metales preciosos tenían un valor mayor.

El papel moneda era como una promesa por parte del gobierno. Podía cambiarse por oro.

El uso del dinero, a través de las tarjetas de crédito, los cheques y las transferencias electrónicas, está relacionado con la cantidad de dinero que se deposita en los bancos.

El dinero virtual, como el bitcoin, no está respaldado por los bancos ni por ningún gobierno.

Monedas cuadradas

Las primeras monedas eran cuadradas, no redondas. Esta moneda de oro de la antigua China se llama Ying Yuan. Tiene grabado el valor o peso. El uso corriente del dinero metálico en forma de monedas se inició en lo que hoy es Turquía hacia el año 600 a. C. Estas monedas tenían forma de habichuela y estaban hechas de electro, una aleación de oro y plata.

Materiales para el dinero

LA SUPERLISTA

Comprar y vender cosas se hizo más fácil con el dinero, porque tenía un valor acordado y podía transportarse con facilidad.

1. Metales como el oro y la plata se han usado durante miles de años. El Kangaroo australiano de una tonelada es la moneda más valiosa del mundo. Vale más de 60 millones de dólares australianos (40 millones de dólares estadounidenses).

2. El **papel** moneda empezó a utilizarse hace más de 1.000 años en China. Hoy la mayoría del papel moneda está hecho de celulosa o polímero, que es un plástico.

3. Las **piedras** se usan como moneda en la isla de Yap, en el Pacífico. Las piezas de piedra caliza, grandes y redondas, pueden llegar a pesar 4 kilos.

4. Las **valvas** son la forma de moneda más antigua que se conoce. Los africanos usaban cauris desde el 1200 a. C. Algunos indios americanos comerciaban con collares de valvas.

ASESORA ESPECIALIZADA: Silvana Tenreyro **VER TAMBIÉN:** Vestido y ornamento, pp. 20-21; Trabajo, pp. 42-43

Criptomoneda

A diferencia de otras formas de dinero, las criptomonedas como el bitcoin y el Ether no tienen nada que ver con gobiernos o bancos. Tienen valor porque la gente ha acordado concedérselo. Ya existen más de 2.000 criptomonedas y se siguen inventando más.

¿Qué es el interés?

El dinero depositado en una cuenta de banco puede producir más dinero. A esto se lo llama interés. Se paga como un porcentaje de la cantidad depositada. Los bancos pagan un interés a cambio de usar este dinero. Pueden prestarlo a una persona o negocio que tiene que devolverlo con intereses. El interés compuesto (mostrado abajo) se paga sobre el primer depósito más los intereses obtenidos a lo largo del tiempo.

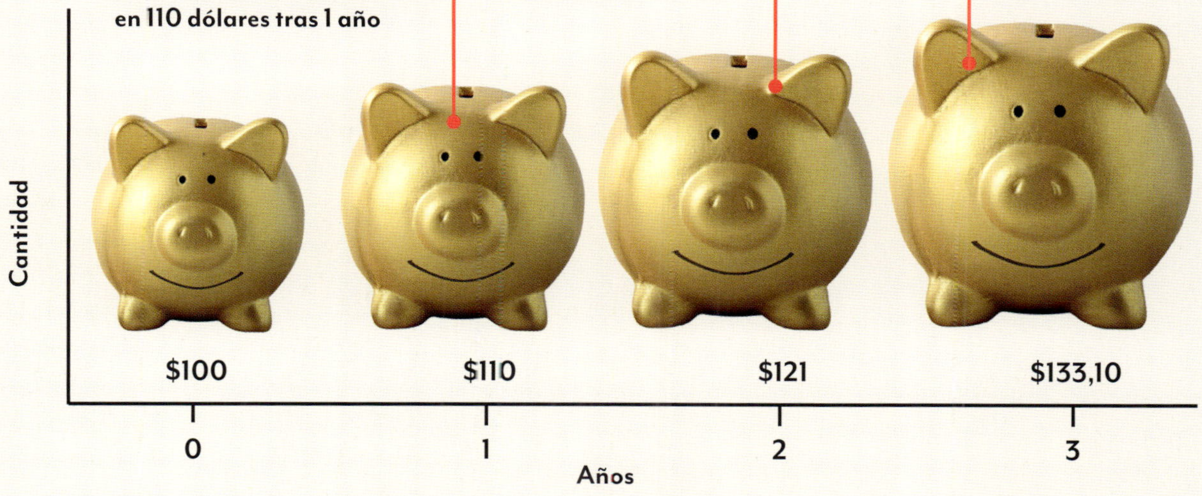

Acciones y participaciones

Es posible comprar participaciones, o acciones, de una empresa. El comprador se convierte en copropietario y recibe una parte del dinero que la empresa gana. Los ciudadanos también pueden prestar dinero a las empresas en forma de bonos, que estas prometen devolver con intereses. Las acciones se compran y venden en los mercados de valores. La Bolsa de Nueva York (a la izquierda) es el mayor mercado de valores del mundo. Comenzó en 1792 cuando 24 comerciantes se encontraron bajo un árbol en lo que ahora es Wall Street.

¡CuriosiDATOS!

En toda la historia de los billetes de banco, ninguno había tenido tantos ceros como el de 100 billones de Zimbabue, impreso en 2009. Tuvieron que imprimirlo por culpa de una terrible inflación. Los precios subían tan deprisa que el dinero anterior no tenía valor. Un billete de 10 dólares no vale nada si un rollo de papel higiénico cuesta 145.000 dólares.

LEY Y CRIMEN

Los gobiernos tienen leyes, o conjuntos de normas, para que la gente pueda organizar la convivencia. Los crímenes son actos que van contra estas leyes. Cada país tiene sus propias leyes, de modo que los crímenes no siempre son iguales. La mayoría de las naciones reconoce los crímenes graves, como el asesinato. Los crímenes menos graves, como robar algo, no merecen tanto castigo. El crimen organizado implica a una red de criminales que lo cometen juntos.

Leyes y legisladores: los inicios

El emperador bizantino Justiniano I, retratado en esta moneda, creó un sistema de leyes en del siglo VI que se convertiría en la base para los códigos legales todavía vigentes en la Europa continental y en Sudamérica, lo mismo que en parte de Asia y África. El derecho consuetudinario es el otro gran sistema de leyes. Se desarrolló en los tribunales británicos en la Edad Media y se extendió a Estados Unidos y otras antiguas colonias británicas.

Ha nacido la Carta Magna

Muchos países siguen una Constitución escrita o un código fundamental al que llaman carta magna, es decir, «gran carta». Su origen está en la Carta Magna inglesa. En ella se establecía que todos, incluso el rey, estaban sometidos a la ley. Fue el primer documento en el que se establecía la idea de los derechos para las personas libres, entre ellos el de un juicio con un jurado formado por otros ciudadanos.

En 1215, los nobles y obispos de Inglaterra forzaron al rey Juan a poner su sello en la Carta Magna

La Carta Magna estaba escrita en pergamino, piel de res estirada y secada

ASESOR ESPECIALIZADO: Jack Snyder

Juicios por brujería

Desde el siglo XIV hasta finales del XVIII, las cortes europeas condenaron a muerte a entre 40.000 y 60.000 personas por brujería. Los tribunales acusaban a sospechosos, en muchos casos mujeres, de actuar por cuenta del diablo. Tras los juicios por brujería en Salem, Massachusetts, en 1692, muchas mujeres sufrieron la cárcel y 19 fueron ejecutadas. Hoy semejantes juicios no serían posibles.

Los sospechosos, colocados en una silla de inmersión, a menudo confesaban aunque que no fueran culpables

¡CuriosiDATOS!

¡Los pollos no pueden cruzar la calle! Una ley de la ciudad norteamericana de Quitman, en Georgia, prohíbe que las gallinas, los patos y las ocas vayan por la calle. De las gallinas también se ocupan otras leyes. Los conductores no deben conducir de Minnesota a Wisconsin con gallinas en la cabeza. En Nueva Zelanda solía ser ilegal volar en globo con un gallo.

A juicio

Los tribunales toman decisiones sobre las leyes. Hay muchos tipos de tribunales, incluyendo los penales, que se ocupan de delitos como el robo o el asesinato, y tribunales civiles, que se dedican a disputas entre las personas o los negocios. La Corte Penal Internacional se encarga de delitos como los de guerra. Todos los tribunales tienen como mínimo un juez. En algunos se usa un jurado, y este emite su veredicto.

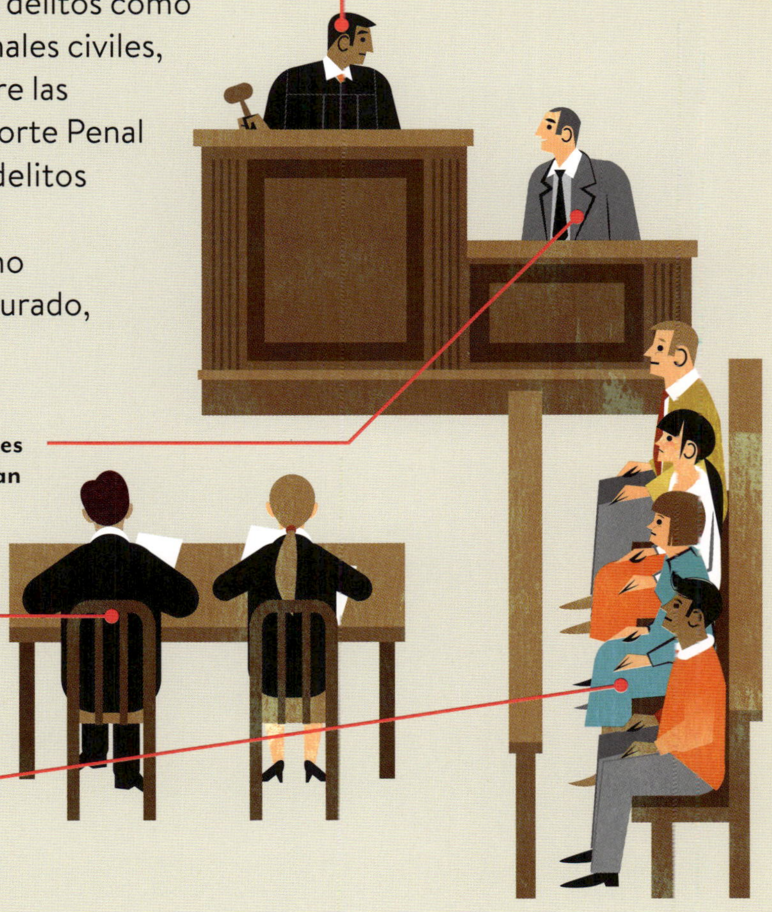

Esta es una sala de tribunal típica. El juez toma decisiones y se asegura de que se siguen las normas de la ley

Los testigos dan informaciones sobre el crimen o proporcionan opiniones expertas

Los letrados, o abogados, representan a personas en la sala. Defienden o procesan

Un jurado escucha los argumentos de los dos bandos y decide el resultado

Crimen y castigo
LA SUPERLISTA

¿Para qué sirve el castigo? Las teorías sobre las razones para castigar a los criminales son básicamente cinco.

1. Disuasión El castigo hace que el criminal se lo piense mejor antes de cometer otro crimen. También convierte al criminal en un ejemplo, para que los demás tampoco lo hagan.

2. Protección Saca al criminal de la sociedad. Encarcelar a los criminales protege a la gente para que no se conviertan en víctimas del criminal.

3. Represalia Da a los criminales lo que se merecen. Según este argumento, el castigo tiene que ser proporcionado, es decir, igual al crimen cometido.

4. Reparación Con esto se pretende que los criminales compensen, o devuelvan algo, a las víctimas o a la sociedad. Una multa puede ser una reparación.

5. Reforma Pretende educar a los criminales y hacer de ellos ciudadanos respetuosos de la ley.

¡NOTA del experto!

JACK SNYDER

Científico político

El profesor Snyder estudia la Corte Penal Internacional, que puede procesar a personas, incluso a mandatarios de países, por crímenes contra la humanidad. En muchos lugares del mundo, las leyes son injustas o no se aplican con rigor, así que cree que las comunidades tienen que trabajar unidas para la mejora de las leyes, las políticas y los tribunales.

«Las buenas leyes, aplicadas de manera justa, son necesarias para que las personas puedan cooperar».

EDUCACIÓN

En el antiguo Egipto encontramos algunas de las primeras escuelas del mundo. Los estudiantes, en su mayoría varones, aprendían a leer, matemáticas, ciencias y otras materias. La educación ha seguido siendo una parte clave de cada civilización, porque es la puerta de acceso al conocimiento y a la comprensión del mundo. Es tan importante que forma parte de la Declaración Universal de los Derechos Humanos, escrita en 1948. Según ella, todos tenemos derecho a una educación, empezando por una instrucción elemental y gratuita.

Estudios superiores

Las universidades actuales se desarrollaron a partir de escuelas fundadas hace siglos. La Universidad Autónoma de México (a la derecha) parece muy moderna, pero se estableció en 1551. La educación superior también incluye los institutos o escuelas profesionales, en donde los estudiantes toman clases en áreas como la música, los negocios, la educación, la medicina o las leyes.

Educación igualitaria

En todo el mundo, alrededor de 130 millones de niñas de entre 6 y 17 años no van a la escuela, cuando en su misma área los niños sí lo hacen. Algunas niñas dejan la escuela para ayudar a sus familias en casa. Otras no han ido a clase nunca, de modo que no saben leer ni escribir. Organizaciones de todo el mundo luchan por cambiar esto. Si se permite que las chicas permanezcan en la escuela, luego llevarán una vida más sana, conseguirán mejores trabajos y contribuirán en mayor medida a su comunidad y a la sociedad.

El poder de la educación

LA SUPERLISTA

La educación tiene múltiples beneficios para los individuos y la sociedad. Estos son algunos de ellos.

1. Reduce la pobreza Según las investigaciones, saber leer y escribir puede salvar a millones de personas de la pobreza. Conseguirán trabajos mejor retribuidos y luego pagarán impuestos al gobierno. El gobierno puede emplear este dinero para beneficiar a la sociedad en su conjunto.

2. Impulsa la economía La educación atrae las innovaciones, las iniciativas empresariales y la formación para nuevos o mejores trabajos.

3. Favorece las habilidades sociales Los niños aprenden a trabajar con los demás y comparten otros puntos de vista. Se implican más en la sociedad.

4. Fomenta la autodisciplina Especialmente con la educación superior, las personas aprenden a administrarse el tiempo y a ser responsables de sí mismas. Así también pueden tener más éxito en sus propias comunidades y en la sociedad.

5. Mejora la igualdad social La educación permite que gentes de todas las procedencias, ricas o pobres, tengan oportunidades para conseguir lo que se proponen.

6. Amplía horizontes La educación enseña a las personas sobre el mundo y les da perspectivas diferentes que ayudan a entender mejor a los demás.

7. Potencia el papel de las personas La educación anima a las personas a que piensen, a hacerse preguntas y a emprender acciones. Le da a la gente alternativas y control sobre sus vidas.

ASESORA ESPECIALIZADA: Miranda Lin **VER TAMBIÉN:** El cerebro, pp. 12-13; Lengua y narración, pp. 26-27; Lectura y escritura, pp. 28-29; Trabajo, pp. 42-43

Escuelas flotantes

En Bangladés, las inundaciones durante los monzones hacen que los niños no puedan ir a la escuela. Para solucionar este problema, un arquitecto llamado Mohammed Rezwan creó una solución innovadora: ¡escuelas en barcas! Estas escuelas flotantes (como la que mostramos aquí) recogen a los alumnos cada mañana y vuelven a dejarlos en casa al cabo del día.

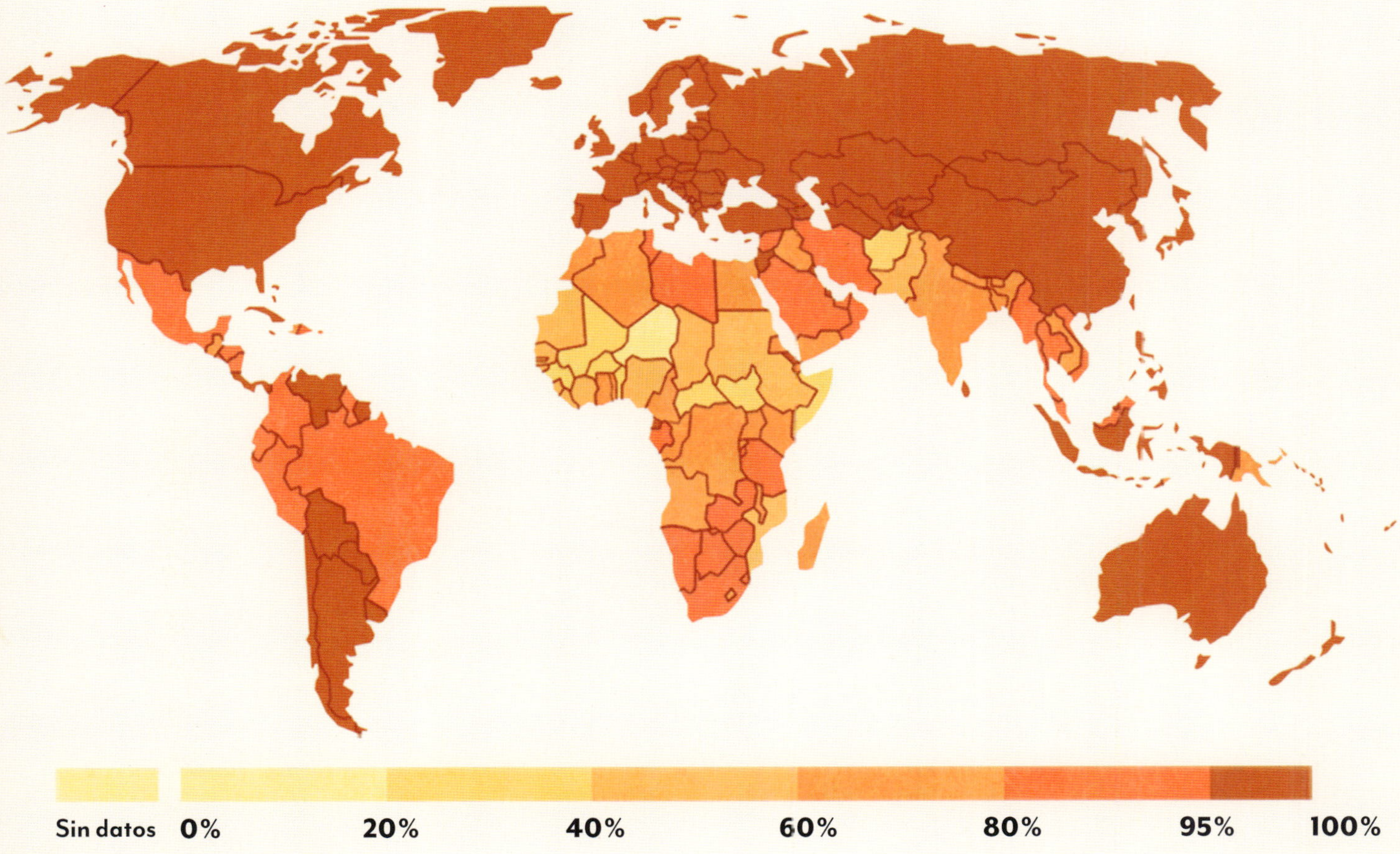

Alfabetización en el mundo

Estar alfabetizado significa ser capaz de leer y escribir, lo que en gran parte depende de tener o no acceso a la educación. Este mapa muestra el porcentaje de personas alfabetizadas en los países del mundo.

Mercados de trabajo cambiantes

La soldadura requiere habilidad, pero también es un trabajo sucio y ruidoso. Tal vez por esta razón menos personas han querido formarse como soldadores en los últimos años. Esto crea escasez de mano de obra especializada. La retribución y las condiciones son solo dos de los numerosos factores que influyen en los tipos de trabajo que la gente quiere hacer.

TRABAJO

La gente trabaja para ganar dinero con el que pagar la comida, la vivienda y otras necesidades. Pero también trabajamos para hacer algo que nos gusta. Hay quien construye, desde ordenadores hasta rascacielos; otros proporcionan servicios, como los cuidados médicos; otros cocinan, limpian o trabajan en tiendas. Los científicos inventan y ayudan a entender el mundo; los artistas producen obras que hacen la vida más agradable.

Trabajo infantil

Más de 150 millones de niños de todo el mundo trabajan para aportar dinero a sus familias. Muchos realizan trabajos peligrosos en factorías y minas. A menudo no pueden ir a la escuela. Algunos países desarrollados han declarado ilegal el trabajo infantil. Organizaciones internacionales como Unicef intentan acabar con el trabajo infantil en todo el mundo.

ASESORA ESPECIALIZADA: Silvana Tenreyro **VER TAMBIÉN:** Educación, pp. 40-41

Trabajos no pagados

Hay quien se ofrece a hacer trabajos no retribuidos, en lo que llamamos voluntariado. Suele implicar la ayuda a los demás, como entrenar a equipos de deporte locales o el trabajo para buenas causas, como es el caso de esta mujer que ayuda en un refugio para animales en la República Democrática del Congo. El voluntariado conecta a quienes viven en una comunidad y les permite compartir sus habilidades. A veces la gente se ofrece voluntaria con el único fin de ganar experiencia en un trabajo con el que quieren ganarse la vida.

INCÓGNITAS CONOCIDAS

¿Cuáles serán los trabajos del futuro?

Las máquinas pueden encargarse cada vez de más trabajos, como cargar cajas en un almacén. A través de la historia, las nuevas tecnologías crean una demanda de nuevos trabajos y hacen innecesarios otros. Con la inteligencia artificial (IA) es posible que trabajos muy especializados sean innecesarios en un futuro. Los robots, por ejemplo, ya ayudan a los cirujanos en operaciones muy delicadas.

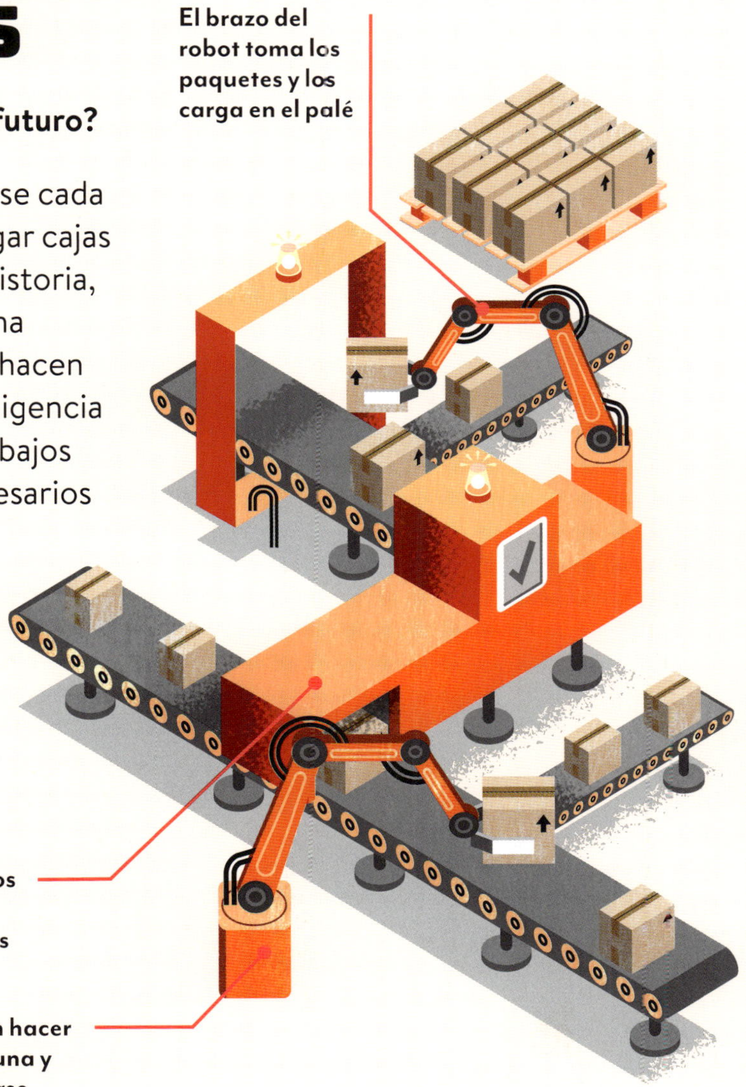

Prácticas de aprendizaje

Para hacer bien un trabajo se requiere practicarlo antes. Quienes quieren convertirse en chefs a menudo estudian en una escuela culinaria. Allí pueden convertirse en aprendices y luego trabajar para un chef más experimentado. Así, practicando con la ayuda de un experto, completan su formación.

¡Sé probador de comida para perros!

Si tienes un perro, seguramente quieres conseguir la mejor comida para él. Tanto es así que las compañías de pienso para perros recurren a probadores humanos para asegurarse de que sus productos son sabrosos y nutritivos. Los probadores, de todos modos, suelen escupir la comida. Los más experimentados pueden ganar más dinero si ayudan a crear nuevas recetas de pienso para animales.

JUEGOS Y DEPORTES

Nuestro amor por los juegos y los deportes se remonta por lo menos a unos 5.000 años. Entonces eran la manera de entrenar a los cazadores y guerreros, pero fueron convirtiéndose en ocasiones especiales para el disfrute del público. Los deportes y los juegos satisfacen muchas necesidades humanas. Interactuamos y nos divertimos, ponemos a prueba nuestras facultades físicas y mentales y competimos de forma pacífica, individual o colectivamente.

¡CuriosiDATOS!

Los jugadores de fútbol corren una media de 15 km en cada partido durante la Copa del Mundo. Es casi como dar 38 vueltas a un estadio olímpico. De media, los jugadores de fútbol corren unos 11 km por partido. Esto es más distancia de la que corren los atletas en otros deportes.

Fútbol de antes

Un juego similar al fútbol se jugaba hace más de 2.000 años en China. Se conocía con el nombre de *cuju*, que significa «bola rápida». Jugaban dos equipos, formados por hombres y mujeres. Para puntuar, los jugadores empujaban un balón hacia una portería. Los militares chinos recurrían a este juego para mantener la forma física de sus soldados. Era muy popular. El moderno juego del fútbol se creó separadamente en Europa en el siglo XIV.

ASESOR ESPECIALIZADO: Martin Polley **VER TAMBIÉN:** Volverse humano, pp. 6-7; El cuerpo humano, pp. 8-9; El cerebro, pp. 12-13; Comida y cocina, pp. 18-19

Juego de reyes

El antiguo juego del senet tiene una antigüedad de más de 5.000 años. Al rey Tutankamón y a otros faraones les gustaba practicarlo. Usaban de cinco a siete fichas que desplazaban por los cuadros de un pequeño tablero. Cuando el juego se fue desarrollando, los cuadros pasaron a incluir instrucciones en jeroglíficos (escritura que utiliza dibujos y símbolos). Los egipcios creían en la vida después de la muerte, y en algunos de los cuadros se ofrecían consejos sobre el más allá. El rey Tutankamón fue enterrado con siete cajas de senet. Este juego se considera el antepasado del *backgammon*.

Lucha

Estos antiguos griegos están luchando. Como todos los atletas griegos, iban desnudos. La lucha es uno de los deportes más antiguos y comunes. Ya formaba parte de los Juegos Olímpicos en el año 708 a. C. La lucha grecorromana, la lucha libre y el sumo son las formas de lucha más populares hoy.

Palas, prótesis y biónica

Las invenciones como las «palas» de carrera permiten competir a atletas con discapacidades. Estas palas se desarrollaron en la década de 1970 y están hechas de 80 capas de fibra de carbono, ligera pero resistente. Algunas de ellas son más finas que un cabello humano. Otros atletas llevan prótesis o extremidades artificiales para la natación, la escalada y otros deportes. En el futuro, los atletas podrán usar en las competiciones extremidades biónicas, que funcionan electrónicamente mediante señales del cerebro.

Las «palas» se fijan en la prótesis. Con su forma permiten un mejor esprint, similar al que se hace corriendo sobre las puntas de los pies

Las «palas» son como muelles que absorben el peso del corredor y luego sueltan esta energía al levantarse del suelo

Jóvenes olímpicos

LA SUPERLISTA

Los jóvenes olímpicos compiten con los adultos y también ganan medallas o baten récords. Estos son algunos de los ganadores de medallas más jóvenes.

1. Dimitrios Loundras, 10 años
Este gimnasta griego compitió en 1896 y ganó la medalla de bronce con su equipo en barras paralelas.

2. Inge Sorensen, 12 años
Esta atleta danesa ganó la medalla de bronce de los 200 metros braza en 1936.

3. Kim Yun-Mi, 13 años
En 1994, esta deportista surcoreana ganó una medalla de oro de patinaje de velocidad sobre hielo.

4. Marjorie Gestring, 13 años
Esta deportista estadounidense ganó en el salto de trampolín de tres metros en 1936.

5. Nadia Comăneci, 14 años
En 1976, la gimnasta rumana obtuvo un 10 de puntuación, el primero para una deportista olímpica. Ganó tres medallas de oro, una de bronce y una de plata.

Año Nuevo chino

Un festival de 15 días inaugura el Año Nuevo chino con petardos, farolillos y procesiones. Un gran dragón, símbolo de la buena suerte, protagoniza la procesión, sujeto por palos. El festival se inicia con la luna nueva, entre el 21 de enero y el 20 de febrero, y dura hasta la luna llena.

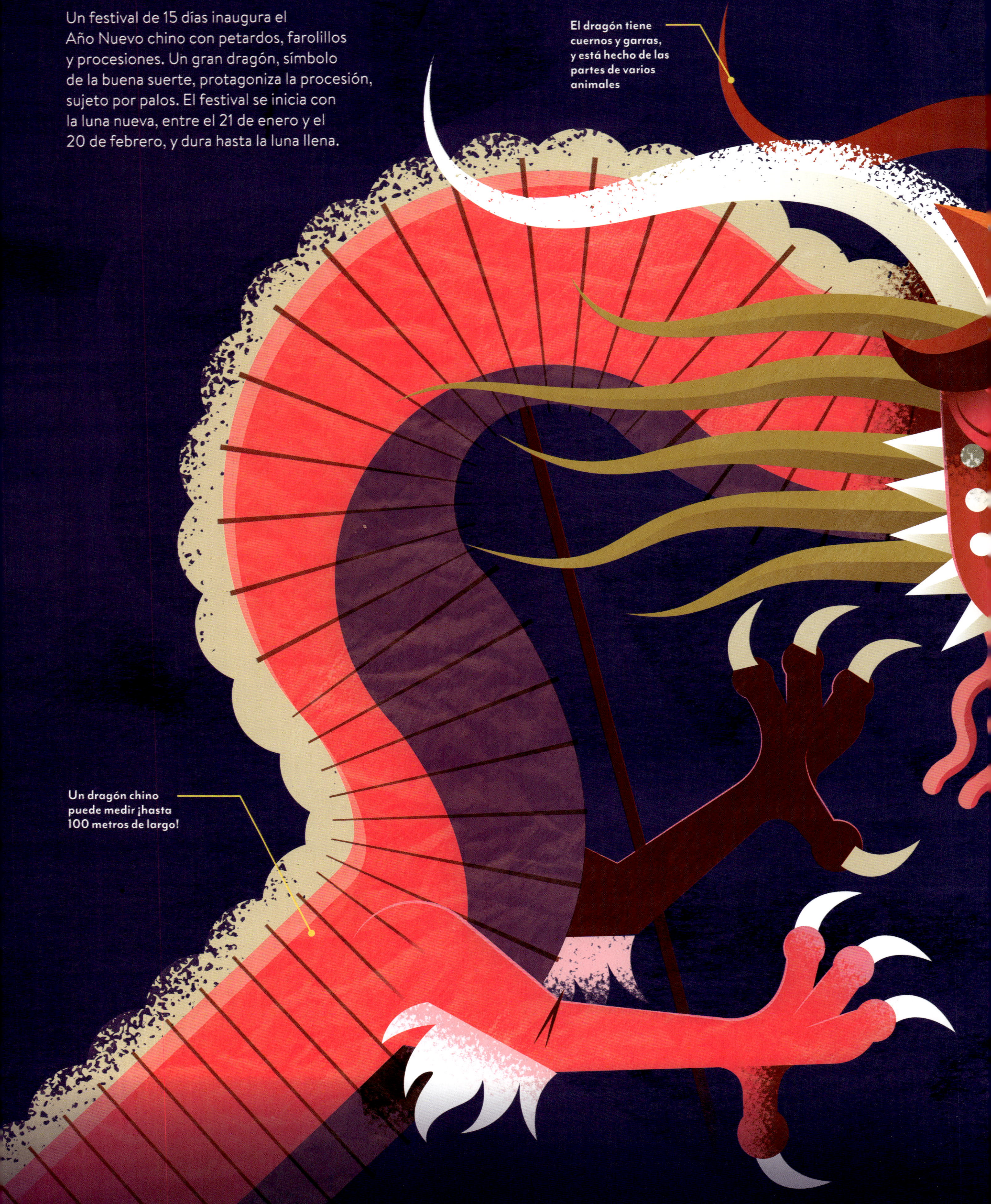

ASESORA ESPECIALIZADA: Michelle Duffy **VER TAMBIÉN:** Calendarios, pp. 34-35

FESTIVALES

El baile, la música y las fiestas son característicos de muchos festivales alrededor del mundo. La gente se reúne en familia, en comunidad o en grupos incluso mayores para celebrar su cultura y sus costumbres, para marcar días religiosos importantes, para celebrar las estaciones... Algunos festivales pueden seguir o preceder a un tiempo de plegaria o de ayuno, pero muchos son simplemente una celebración de la vida. Miles de personas toman parte en los eventos más famosos, como el Mardi Gras de Nueva Orleans.

Dicen que el rojo, el color de las barbas de este dragón, trae suerte y ahuyenta a los demonios

Festivales de Año Nuevo

LA SUPERLISTA

Para mucha gente, el Año Nuevo es sinónimo de un nuevo comienzo. Diferentes calendarios lo sitúan en momentos distintos, no todos los años nuevos empiezan el 1 de enero.

1. **Diwali** marca el Año Nuevo hindú con un festival de luces que se prolonga durante cinco días de octubre o noviembre.
2. **Rosh Hashaná** da comienzo al Año Nuevo judío con una fiesta solemne al comienzo del mes hebreo de Tishrei, entre el 5 de septiembre y el 5 de octubre.
3. **Muharram**, un momento sagrado para los musulmanes, es el Año Nuevo islámico. En el islam, el año se rige por las estaciones.
4. **Songkran**, el Año Nuevo budista de Tailandia, se celebra el 13 de abril con un festival acuático.
5. **Shogatsu**, el 1 de enero, marca un inicio muy alegre para el Año Nuevo en Japón. ¡Las celebraciones pueden prolongarse durante una semana!
6. **Hogmanay**, que empieza el 30 de diciembre, es el Año Nuevo escocés y da pie a tres días de celebraciones.
7. **Nowruz**, el Año Nuevo persa del 21 de marzo, se celebra en Irán, la India y otros países.
8. **Enkutatash** es el Año Nuevo etíope, celebrado al final de la estación de las lluvias, en septiembre, con música, oraciones y coloridas procesiones.
9. **Ghaaji**, que significa «fin de la temporada de cultivo», es el Año Nuevo navajo. Se celebra en octubre. Como ocurre en muchas otras naciones indígenas americanas, el año viene determinado por las estaciones.
10. **Seollal**, el festival de Año Nuevo coreano se celebra, como el Año Nuevo chino, en enero o febrero.

Recordar a los muertos

En México la gente celebra el Día de Muertos el 1 y 2 de noviembre. Se recuerda a los familiares fallecidos con fiestas y desfiles, y se da la bienvenida a los espíritus de los muertos con comida y juguetes con forma de esqueleto.

FUNERALES

Las culturas de todo el mundo tienen formas especiales de honrar a las personas fallecidas. Celebraciones como los funerales son la ocasión tanto de hacer el duelo de quien ha fallecido como de celebrar su vida. La mayoría de los rituales proceden de tradiciones religiosas o espirituales. Los hindúes queman a sus muertos para liberar su espíritu y para que así puedan volver a nacer. Las familias judías celebran la Shiva, siete días de duelo, plegaria y recuerdo.

Antiguos enterramientos

Tumbas formadas por rocas llamadas dólmenes, como este del Reino Unido, datan de los primeros tiempos del Neolítico, hace casi 6.000 años. Se encuentran en todas partes del mundo, pero en especial en Europa. Un abrigo rocoso en Qafzeh, en Israel, con más de 90.000 años, podría ser el enterramiento humano conocido más antiguo.

ASESOR ESPECIALIZADO: Nicola Laneri

¡CuriosiDATOS!

En Rumanía existe un cementerio «alegre». Tiene más de 800 cruces de madera pintadas con vivos colores. El artista local Stan Pătras empezó a tallarlas en el pueblo de Săpânta cuando tenía 14 años. Cada cruz tiene dibujos y poemas humorísticos sobre la vida de la persona allí enterrada.

Regalos para los muertos

En algunas culturas se hacen fiestas y se llevan regalos a las tumbas para honrar a quienes han fallecido. En China se queman flores y billetes falsos («dinero fantasma», lo llaman) destinados al uso de los muertos en el más allá. En Nepal suelen ofrecer velas, arroz y flores para el espíritu de la persona que ha muerto.

El más allá

Tutankamón, un antiguo faraón egipcio, tenía tres sarcófagos, uno dentro de otro. Cada uno iba cubierto de símbolos que tenían la misión de protegerlo en el más allá, en donde se suponía que viviría para siempre. Muchas religiones a través de la historia han incluido la creencia de que algún aspecto de una persona (un espíritu o un alma) sigue viviendo para siempre. Puede existir en un lugar separado, como el más allá de los egipcios, o el cielo que encontramos en algunas formas del cristianismo, o reencarnarse en un nuevo cuerpo en la tierra, como se cree en el hinduismo.

¡PREGUNTA A LOS EXPERTOS!

PRAVINA SHUKLA
Folclorista

¿Qué es lo que más desea descubrir?
Quiero saber qué es bonito para la gente, en qué tipo de actividades artísticas se involucran en la vida diaria. Todos añadimos el placer a nuestras vidas, pero eso puede consistir en la jardinería, la cocina o la costura, o bien en tallar madera, cantar o contar chistes. Todos tenemos un talento artístico siempre que expandamos nuestra noción de lo que es el arte.

¿Qué parte le gusta más de su investigación?
La mayoría de las personas en el mundo no dejan documentos escritos, pero todos tenemos un sentido de nuestra propia historia y podemos hablar muy bien del tema. La descripción de cosas tan habituales como la familia, las creencias y el trabajo nos permite captar la historia de la gente y de los lugares de los que proceden.

GINA A. ZURLO
Historiadora

¿Qué estudia?
Estudio la religión en el mundo. Creo que es muy interesante pensar en por qué la gente cree lo que cree. Me gusta ver las diferencias en la gente por las fiestas que celebran, con qué rituales especiales lo hacen y cómo sirven a sus comunidades a través de la religión.

¿Puede explicarnos algún hecho sorprendente sobre su especialidad?
Mucha gente no se da cuenta de que el mundo se está haciendo más religioso cada día. El islam, el budismo, la fe baha'i, el cristianismo y el hinduismo están creciendo, no se contraen. Para la mayor parte de la gente en el mundo, la vida se organiza alrededor de fiestas religiosas, rituales, creencias y prácticas. Eso hace que mi trabajo merezca la pena.

MARTIN POLLEY
Historiador deportivo

¿Qué despertó su interés por la historia del deporte?
Crecí amando el deporte y siempre me ha fascinado su pasado. Me gusta que tantos deportes tengan largas tradiciones: los apodos de los clubs, los colores... Convertirme en un historiador deportivo me ha permitido profundizar en la investigación y encontrar más datos sobre cómo los deportes del pasado se vinculaban al lugar y al momento en que se jugaban y a las comunidades y las personas que los practicaban.

¿Nos explica un aspecto en su campo de especialización que esté por resolver?
La gente siempre quiere saber cómo se inventó un deporte, pero en la mayor parte de los casos no se dio ningún momento mágico. Los deportes tienden a evolucionar gradualmente con el tiempo. El origen de diferentes deportes y juegos es un tema complejo que muchos historiadores deportivos están investigando.

¿Puede darnos algún detalle curioso de sus investigaciones?
Me gustan los detalles de los retos que los atletas se planteaban por su cuenta. En 1808, el capitán Barclay, un soldado británico, caminó 1.000 millas (1.609 km) en 1.000 horas. ¡Estuvo caminando sin parar durante 41 días! Proezas como esta entonces eran el pan de cada día.

Humanos

¡EL QUIZ!

1) **¿Qué nombre se le dio al esqueleto de 3,2 millones de años que se encontró en Etiopía en 1974?**
   a. Lucy
   b. Lucky
   c. Lula
   d. Ludo

2) **¿Cuál de las siguientes no era una especie humana?**
   a. *Homo neanderthalensis*
   b. *Homo habilis*
   c. *Homo bono*
   d. *Homo erectus*

3) **De entre las siguientes opciones, ¿cuál no es una parte del centro de control emocional del cerebro?**
   a. Hipocampo
   b. Amígdala
   c. Hipotálamo
   d. Tiroides

4) **Aproximadamente, ¿cuántas expresiones faciales diferentes puede hacer un ser humano?**
   a. 10
   b. 1.000
   c. 10.000
   d. 100.000

5) **El recubrimiento brillante de las golosinas proviene de:**
   a. Un pez
   b. Un insecto
   c. Una serpiente
   d. Lodo

6) **Aproximadamente, ¿cuánta comida se echa a perder de toda la que se produce?**
   a. Una octava parte
   b. Una quinta parte
   c. Una cuarta parte
   d. Una tercera parte

7) **¿De qué estaba hecho un tinte muy caro llamado púrpura de Tiro que se producía en la antigua Roma?**
   a. De caracoles de mar y orina
   b. De excremento de paloma y mariquitas
   c. De valvas y chocolate
   d. De mariposas monarca y mantequilla

8) **¿Cuántos países son miembros de las Naciones Unidas?**
   a. 185
   b. 193
   c. 198
   d. 210

9) **¿Con qué propósito se usó hace miles de años el ocre rojo?**
   a. Para hacer cerámica
   b. Para la creación de pinturas rupestres
   c. Para cocinar
   d. Para construir casas

10) **En 2009 el país africano de Zimbabue imprimió un billete, ¿de cuántos dólares zimbabuenses?**
   a. 1 millón
   b. 1 billón
   c. 1 trillón
   d. 100 billones

11) **¿Qué emperador bizantino creó un nuevo sistema de leyes en el siglo VI?**
   a. César Augusto
   b. Justiniano I
   c. Constantino el Grande
   d. Nerón

12) **¿En qué país se jugaba a algo parecido al fútbol actual hace más de 2.000 años?**
   a. Inglaterra
   b. Alemania
   c. China
   d. Italia

13) **El senet, un juego de mesa popular en el antiguo Egipto, ¿a qué juego moderno es similar?**
   a. *Backgammon*
   b. Monopoly
   c. Ajedrez
   d. Pulga saltarina

14) **Rosh Hashaná, Songkran y Seollal, ¿son nombres de qué tipo de celebración?**
   a. Celebración del Año Nuevo
   b. Cumpleaños de gente famosa
   c. Aniversarios de acontecimientos históricos
   d. Fiestas de la vendimia

RESPUESTAS: 1) a, 2) c, 3) d, 4) c, 5) b, 6) d, 7) a, 8) b, 9) b, 10) d, 11) b, 12) c, 13) a, 14) a

GLOSARIO

alfabetismo Capacidad de leer y escribir.

antepasado Familiar fallecido, como, por ejemplo, la bisabuela de tu bisabuela. Los «antepasados» también son las generaciones anteriores de todo un grupo de personas o de una tribu.

ataúd Una caja en la que se coloca un cuerpo muerto para enterrarlo o incinerarlo.

automático Palabra que se utiliza para describir máquinas que pueden trabajar por ellas mismas sin una persona que las esté controlando constantemente.

ayuno Mantenerse sin comer a propósito, como cuando se hace por motivos religiosos.

celda Pequeña habitación o compartimento, como el lugar en el que un monje vive en un monasterio.

célula Una de los millones de pequeñas unidades vivas que forman el cuerpo de los humanos y de otros seres vivos. Ejemplos: las células cutáneas y las células nerviosas.

crimen Una acción contraria a la ley por la que un país te castiga.

descifrar Averiguar el significado de algo, como las palabras escritas en un lenguaje desconocido.

dolmen Estructura prehistórica hecha de dos o más piedras verticales con una única gran piedra colocada de plano entre ellas.

faraón Dirigente del antiguo Egipto a quien a menudo se veneraba como a un dios.

gen Uno de los miles de conjuntos de «instrucciones» diferentes que se encuentran en casi cada una de las células de tu cuerpo. Controlan cómo creces y lo que hace a una persona diferente de otra. Una mitad de tus genes proviene de tu madre y la otra mitad proviene de tu padre. Los genes están hechos de una sustancia llamada ADN.

genética El estudio de los genes y de sus efectos, como los que determinan que la altura y el color de los ojos pase de los padres a sus hijos.

hemisferio Mitad de un objeto redondo, como la mitad de la superficie de la Tierra.

impresión (o huella) dactilar Marca que dejan los dedos y que muestra el dibujo de los surcos en las yemas, diferentes en cada persona.

mamífero Cualquier animal, incluidos los humanos, cuyas hembras producen leche para sus crías. Los mamíferos suelen tener cabello o pelaje y dan a luz crías vivas.

meditación Entrar en un estado de tranquilidad o de trance para calmar el ánimo o para propósitos religiosos o espirituales.

mitología Conjunto de mitos que pertenecen a una antigua civilización o tribu en particular. Un mito es una antigua historia que en un momento se ha considerado cierta, especialmente historias que involucran a dioses y diosas o que explican la creación de la tierra o el cielo.

monzón Vientos característicos de algunas regiones tropicales que soplan en una dirección durante parte del año y en la otra dirección en la otra parte. Estos vientos, por lo general, resultan en estaciones húmedas y secas. La palabra «monzón» también hace referencia a las fuertes lluvias que tienen lugar durante la estación húmeda.

nobles Personas pertenecientes a la alta sociedad, como los duques, las duquesas o los barones.

nutrientes Componentes de los alimentos que ayudan a que trabaje tu cuerpo, como las vitaminas y los minerales.

oración Cualquier parlamento dirigido a un dios para pedirle ayuda o para ensalzarlo. Las oraciones también pueden dirigirse hacia personas como los santos. Las palabras convenidas que se dirigen a un dios durante los servicios religiosos son oraciones.

pictografía Un dibujo que representa una palabra o una frase. Las primeras formas de escritura a menudo recurrían a las pictografías.

prehistórico Se refiere a cualquier momento anterior a la historia escrita o a los registros que han sobrevivido para explicar la historia de una región en particular.

primates El grupo de mamíferos que incluye a lémures, monos, simios y seres humanos.

profeta Una persona que dice hablar en nombre de un dios o predice el futuro.

protético Palabra que se refiere a las prótesis, que son sustitutos artificiales para partes del cuerpo, como las manos artificiales.

réplica Copia de un objeto original, por ejemplo, una reproducción moderna de una estatua antigua. Las réplicas son útiles para mostrar un objeto en diferentes lugares, como en una exposición itinerante, si el objeto original no puede desplazarse.

sueño Series de pensamientos e imágenes que se dan en la mente de una persona mientras duerme.

tatuaje Dibujo o diseño grabado de forma permanente en la piel por medio de tinta o de otros pigmentos.

vibración Movimiento agitado o trémulo.

ÍNDICE

FUENTES

El proceso de investigación para este libro tuvo diversas etapas. El autor utilizó una gran variedad de fuentes fiables para cada tema, y luego los comprobadores de datos usaron fuentes adicionales para asegurarse de que cada hecho fuera correcto. Además, cada tema pasó por la revisión de un especialista para su exactitud. El resultado fue una abundancia de fuentes mayor que el espacio del que disponemos para citarlas. La lista de especialistas figura junto a la página de los créditos. A continuación, se enumera una pequeña muestra de las fuentes utilizadas por el autor para cada una de las dobles páginas.

pp. 6-7 *Australopithecus Afarensis*, www.australianmuseum.net.au; Gowlett, J. A. J. «The Discovery of Fire by Humans: A Long and Convoluted Process». *Philosophical Transactions of the Royal Society B: Biological Sciences*, vol. 371, n.° 1.696, junio de 2016; Wayman, Erin. *Becoming Human: The Evolution of Walking Upright*, www.smithsonianmag.com.

pp. 8-9 *Anatomy of a Joint*. www.stanfordchildrens.org; Neumann, Paul E. y Gest, Thomas R. «How Many Bones? Every Bone in My Body». *Clinical Anatomy*, vol. 33, n.° 2, 2020.

pp. 10-11 Briggs, Helen. *DNA from Stone Age Woman Obtained 6,000 Years On*, www.bbc.com; Fieldhouse, Sarah. *We've Discovered a Way to Recover DNA from Fingerprints without Destroying Them*, www.phys.org; *What Is DNA?*, www.ghr.nlm.nih.gov.

pp. 12-13 *Brain Basics: Genes At Work In The Brain*, www.ninds.nih.gov; Kieffer, Sara. *How the Brain Works*, www.hopkinsmedicine.org; Martinez-Conde, Stephen L. y Macknik, Susana. *How Magicians Trick Your Brain, Scientific American*, www.scientificamerican.com.

pp. 14-15 Callaway, Ewen. *Mona Lisa's Smile a Mystery No More*, www.newscientist.com; Hwang, Hyi Sung y David Matsumoto. *Reading Facial Expressions of Emotion*, www.apa.org; *Understanding the Stress Response*, www.health.harvard.edu.

pp. 16-17 *Anatomy of the Eye*. www.kelloggeye.org; *How Does Loud Noise Cause Hearing Loss*, www.cdc.gov; Munger, Stephen D. *The Taste Map of the Tongue you Learned at School is All Wrong*, www.smithsonianmag.com.

pp. 18-19 Foley, Jonathan. *Feeding 9 Billion*, www.nationalgeographic.com; *Food Loss and Food Waste*, www.fao.org; Pariona, Amber. *What Are the World's Most Important Staple Foods?*, www.worldatlas.com.

pp. 20-21 Keller, Alice y Ottaway, Terri. *Centuries of Opulence: Jewels of India*, www.gia.edu; Jahangir, Rumeana. *How Does Black Hair Reflect Black History?*, www.bbc.com; Schultz, Colin. *In Ancient Rome, Purple Dye Was Made from Snails*, www.smithsonianmag.com.

pp. 22-23 Armstrong, Karen. *A History of God* (Nueva York: Gramercy, 2004). Smith, Huston. The World's Religions (Nueva York: HarperOne, 2009).

pp. 24-25 *Medicine in the Aftermath of War*, www.sciencemuseum.org.uk; Ferguson, R. Brian. *War Is Not Part of Human Nature*, www.scientificamerican.com.

pp. 26-27 Lustig, Robin. *Can English remain the «world's favourite» language?*, www.bbc.co.uk; Jackendoff, Ray. FAQ: *How Did Language Begin?* www.linguisticsociety.org; *What are the top 200 most spoken languages?* www.ethnologue.com.

pp. 28-29 Mark, Joshua J. Cuneiform, www.ancient.eu; Schmandt-Besserat, Denise. *The Evolution of Writing*, www.utexas.edu; Boissoneault, Lorraine. *How Humans Invented Numbers-And How Numbers Reshaped Our World*, www.smithsonianmag.com.

pp. 30-31 www.nationalgeographic.com; Pettitt, P. B, et al. Hand Stencils in Upper Palaeolithic Cave Art, www.dur.ac.uk; Vergano, Dan. *Cave Paintings in Indonesia Redraw Picture of Earliest Art*.

pp. 32-33 Music and the Brain: *What Happens When You're Listening to Music*, www.ucf.edu; *Performing Arts (Such as Traditional Music, Dance and Theatre)*, www.ich.unesco.org; William Shakespeare, www.bl.uk.

pp. 34-35 Stern, Sacha. *Calendars in Antiquity: Empires, States, and Societies* (Oxford, UK: Oxford University Press, 2012); Longstaff, Alan. Calendars from Around the World, www.rmg.co.uk; *Mystery of the Maya-Maya Calendar*, www.historymuseum.ca.

pp. 36-37 *How Money is Made-Paper and Ink*, www.moneyfactory.gov; Kishtainy, Niall. *A Little History of Economics* (New Haven, CT, US: Yale University Press, 2017); Tonne Gold Kangaroo Coin, www.perthmintbullion.com.

pp. 38-39 Eleftheriou-Smith, Loulla-Mae. *Magna Carta: What is it-And why is it still important today?*, www.independent.co.uk; Levack, Brian P. *The Witch-Hunt in Early Modern Europe* (Londres: Longman, 1987).

pp. 40-41 Beaubien, Jason. *«Floating Schools» Make Sure Kids Get To Class When The Water Rises*, www.npr.org; *Girls' Education*, www.worldbank.org; Patrinos, Harry A. *Why Education Matters for Economic Development*, www.blogs.worldbank.org.

pp. 42-43 *Data on the future of work*, www.oecd.org; Ferguson, Donna. *From Dog Food Taster to Eel Ecologist*, www.the guardian.com.

pp. 44-45 Geere, Duncan. *Bionic Bolt: The Future of Performance Enhancing Sports Robotics*, www.techradar.com; Solly, Meilan. *The Best Board Games of the Ancient World*, www.smithsonianmag.com.

pp. 46-47 Boomer, Ben. *Ghaajj Navajo New Year*, www.shamaniceducation.org; Crump, William D. *Encyclopedia of New Year's Holidays Worldwide* (Jefferson, NC, US: McFarland, 2016).

pp. 48-49 Ebenstein, Joanna. *Death: A Graveside Companion* (Londres: Thames & Hudson, 2017); «Egyptian Mummification», www.spurlock.illinois.edu.

CRÉDITOS DE LAS IMÁGENES

El editor desea agradecer a quienes siguen su permiso para reproducir sus fotografías e ilustraciones. Se han hecho todos los esfuerzos posibles para asignar las imágenes, pero el editor se disculpa por cualquier error u omisión y efectuará las correcciones que se revelen necesarias en futuras ediciones del libro.

Clave: arriba (a), abajo (b), izquierda (i), derecha (d), centro (c).

p. 4 istock/derno; **p. 6ad** GODONG/BSIP/Superstock; **p. 7ai** paolo siccardi/SYNC/Marka/Superstock; **p. 7ci** Ottfried Schreiter/imageBROKER/Superstock; **p. 7bi** istock/GlobalP; **p. 7bd** Kul Bhatia/age fotostock/Superstock; **p. 9ci** fototeca gilardi/Marka/Superstock (Trota); **p. 10** istock/Artem_Egorov; **p. 11ac** 123rf.com/bzh22; **p. 11ci** Charlotte Cox; **p. 11cd** Tom Bjorklund; **p. 11bcd** imagen cortesía de Abigail H. Feresten; **p. 11bc** Cultura Creative/Superstock; **p. 12ac** istock/Henrik5000; **p. 13bi** istock/MediaProduction; **p. 13bd** istock/zygotehasnobrain; **p. 14** istock/calvindexter; **p. 15ai** 123rf.com/luckybusiness; **p. 15ad** istock/Vintervarg; **p. 15ci** istock/monkeybusinessimages; **p. 15bd** Wikimedia Commons; **p. 17cd** istock/VikiVector; **p. 17cd** istock/appleuzr; **p. 17cd** istock/Rakdee; **p. 17cd** istock/mechanick; **p. 17cd** istock/soulcid; **p. 17bc** istock/ByM; **p. 17bd** istock/GlobalP; **p. 18bd** Dreamstime/Chernetskaya; **p. 19ac** 123rf.com/yupiramos; **p. 19d** Clickalps SRLs/age fotostock/Superstock; **p. 19bc** 123rf.com/fuzullhanum; **p. 20ac** World History Archive/Superstock; **p. 20b** Dia Dipasupil/Getty; **p. 21ai** Science History Images/Alamy; **p. 21bd** istock/master2; **pp. 22-23** Dreamstime/Sadalaxmi Rawa; **p. 23** 123rf.com/redberry; **p. 24a** World History Archive/Superstock; **p. 24bc** Ashraf Shazly/AFP/Getty; **p. 25ai** 123rf.com/chatcameraman; **p. 25cd** ITAR-TASS News Agency/Alamy; **p. 25bcd** Encyclopaedia Britannica, Inc.; **p. 25ci** 123rf.com/Alexander Pokusay; **p. 25bi** 123rf.com/artush; **p. 26ad** istock/JohnnyGrieg; **p. 27ci** istock/Lokibaho; **p. 27cd** imagen cortesía de Laura Kalin; **p. 27bi** Dreamstime/Danemo; **p. 28ad** istock/f9b65183_118; **p. 28c** DeAgostini/Superstock; **p. 28bi** DeAgostini/Superstock; **p. 28bd** Jose Peral/age fotostock/Superstock; **p. 29ci** istock/coward_lion; **p. 29bc** 123rf.com/Kobby Dagan; **pp. 30-31** Look-foto/Superstock; **p. 30bc** Javier Etcheverry/Visual & Written/Superstock; **p. 32** Robert Marquardt/Getty; **p. 32bi** Jan Wlodarczyk/Alamy; **p. 33ai** TAO Images Limited/Alamy; **p. 33ci** istock/TonyBaggett; **p. 33c** NASA; **p. 33bd** Dreamstime/Kino Alyse; **pp. 34-35** 123rf.com/magicpictures; **pp. 34-35** istock/bananajazz; **pp. 34-35** 123rf.com/aratehortua; **pp. 34-35** istock/AVIcons; **pp. 34-35** Dreamstime/Sadalaxmi Rawa; **pp. 34-35** Dreamstime/Dreamsidhe; **pp. 34-35** istock/ekazansk; **pp. 34-35** istock/MicrovOne; p. 34-35 istock/appleuzr; **pp. 34-35** istock/kumarworks; **pp. 34-35** istock/Tatiana_Ti; **pp. 34-35** istock/Drypsiak; **pp. 34-35** istock/olnik_y; **pp. 34-35** istock/Alexey Morozov; **pp. 34-35** 123rf.com/Svitlana Drutska; **pp. 34-35** istock/Photoplotnikov; **p. 35ad** World History Archive/Superstock; **p. 36i** istock/GeorgeManga; **p. 36i** istock/Bakal; **p. 36i** istock/Balora; **p. 36i** istock/Counterfeit_ua; **p. 36i** istock/-VICTOR-; **p. 36i** istock/13ree_design; **p. 36i** istock/Tanya St; **p. 36i** istock/Vectorios2016; **p. 36i** istock/einegraphic; **p. 36ad** Wikimedia Commons/Baomi (CC BY-SA 4.0 International); **p. 37ad** Dreamstime/Kwanchaidt; **p. 37ci** Dreamstime/Joe Sohm; **p. 37bd** Dreamstime/Taigis; **p. 38a** istock/TonyBaggett; **p. 39ci** istock/undefined undefined; **p. 39cd** imagen cortesía de Jack Snyder; **p. 40ci** agefotostock/Alamy; **p. 40ad** istock/hadynyah; **p. 41a** Jonas Gratzer/Getty; **p. 42a** Steve Morgan/Alamy; **p. 42bc** David Gee 4/Alamy; **p. 43ad** Nature Picture Library/Cyril Ruoso; **p. 43bi** istock/cherstva (silla/mesa); **p. 43bi** istock/Alex Belomlinsky (bol de perro); **p. 43bd** 123rf.com/Ian Allenden; **p. 44ad** Jose Breton/NurPhoto/Getty; **p. 45ai** Alain Guilleux/age fotostock/Superstock; **p. 45ad** Sueddeutsche Zeitung Photo/Alamy; **p. 45bi** Warren Little/Getty; **p. 48a** istock/Solange_Z; **p. 48bd** Chris Warren/Superstock; **p. 49ai** age fotostock/Superstock; **p. 49d** DeAgostini/Superstock; **p. 49bi** istock/ThamKC; **p. 50** imagen cortesía de Pravina Shukla; imagen cortesía de Gina A. Zurlo; imagen cortesía de Martin Polley.

ESPECIALISTAS

Paul Dilley, University of Iowa, Iowa City, EE. UU. **Michelle Duffy**, University of Newcastle, New South Wales, Australia. **Abigail H. Feresten**, Simon Fraser University, Burnaby, Canadá. **Chef Suzi Gerber**, chef ejecutiva de Haven Foods, investigadora médica para Inova Medical System, Somerville, EE. UU. **Laura Kalin**, Princeton University, Princeton, EE. UU. **Nicola Laneri**, Università di Catania, Catania, Sicilia, Italia. **Daryn Lehoux**, Queen's University, Kingston, Canadá. **Miranda Lin**, Illinois State University, Normal, EE. UU. **Martin Polley**, International Centre for Sports History and Culture, De Montfort University, Leicester, Reino Unido. **John P. Rafferty**, Encyclopaedia Britannica, Chicago, EE. UU. **Kara Rogers**, Encyclopaedia Britannica, Chicago, EE. UU. **Mark Sapwell**, doctor en Arqueología y editor, Londres, Reino Unido. **Pravina Shukla**, Indiana University, Bloomington, EE. UU. **Jack Snyder**, Columbia University, Nueva York, EE. UU. **Silvana Tenreyro**, London School of Economics and Political Science, Londres, Reino Unido. **Alicja Zelazko**, Encyclopaedia Britannica, Chicago, EE. UU. **Gina A. Zurlo**, Center for the Study of Global Christianity, Gordon-Conwell Theological Seminary, Boston, EE. UU.

Papel certificado por el Forest Stewardship Council®

MIXTO
Papel procedente de fuentes responsables
FSC® C117695

Penguin Random House Grupo Editorial

Título original: *All New Kids' Encyclopedia. Humans*
Primera edición: noviembre de 2022

Publicado por primera vez en EE.UU. en 2020

Desarrollado por Toucan Books
Dirección artística y diseño de la cubierta: Andy Forshaw
Ilustración de la cubierta y rotulación: Justin Poulter
Imágenes de la cubierta: istock/miadn61; /rusm; /derno
Ilustraciones interiores: Mark Ruffle y Jack Tite
Prefacio: J. E. Luebering
Edición: Christopher Lloyd
Texto: Cynthia O'Brien
Lista de asesores especializados en p. 56

Printed in Spain – Impreso en España

ISBN: 978-84-18594-59-5
Depósito legal: B-16.718-2022

Compuesto en Comptex&Ass., S. L.
Impreso en Soler Talleres Gráficos
Esplugues de Llobregat (Barcelona)

GT 9 4 5 9 5